巩小定————著

U0726654

华为
灰度工作
哲学

苏州新闻出版集团

古吴轩出版社

图书在版编目（CIP）数据

华为灰度工作哲学 / 巩小定著. -- 苏州 ：古吴轩
出版社，2024. 8. -- ISBN 978-7-5546-2411-1

Ⅰ. F632.765.3

中国国家版本馆CIP数据核字第2024R9N746号

责任编辑：俞　都
见习编辑：万海娟
策　　划：周建林
装帧设计：尧丽设计

书　　名：华为灰度工作哲学
著　　者：巩小定
出版发行：苏州新闻出版集团
　　　　　古吴轩出版社

地址：苏州市八达街118号苏州新闻大厦30F
电话：0512-65233679　　　邮编：215123

出 版 人：王乐飞
印　　刷：天宇万达印刷有限公司
开　　本：670mm×950mm　1/16
印　　张：15
字　　数：148千字
版　　次：2024年8月第1版
印　　次：2024年8月第1次印刷
书　　号：ISBN 978-7-5546-2411-1
定　　价：58.00元

如有印装质量问题，请与印刷厂联系。0318-5302229

什么是灰度？

简而言之，它是一种位于纯白、纯黑两者中的一系列从黑到白的过渡。它和黑与白的二元对立思维是不同的，黑与白完全对立，且两者之间不可变换。而灰度恰恰包容了黑与白，将黑与白融为一体。

灰度思维或灰度哲学，本质上也是一种超越了二元对立思维的系统思维，是基于中国传统文化发展的禅宗思想。从一定程度来说，它跨越了黑与白，因而也更加宽广，更具高度。

"灰度"一词，在华为的语境中有着重要地位，也是任正非在许多重要讲话中多次使用的词语。在任正非看来，灰色是人的本色、事的本质、物的本源。任正非崇尚灰度，并且在自己管理华为的过程中融入了许多灰度思维与灰度哲学。

有人认为，灰度就是中庸，就是不需要分出黑白、不偏不倚，是在走中庸之路；有人认为，灰度就是混沌，不需要精准和精确，差不多就行，只需要务实，不需要求真；甚至还有人认为，灰度就是一种消极处事的态度，是凭着感觉过日子，是摸着石头过河，不需要危机意识，也不需要激情……

事实上，这些都是对灰度思维或灰度智慧的误解。在企业当中，如果管理者或员工抱着以上思维或想法，那是不可能管好企业或干好工作的。

2009 年，任正非在以"开放、妥协与灰度"为题的讲话中，首次完整地诠释了自己的灰度管理思想："一个清晰方向，是在混沌中产生的，是从灰色中脱颖而出的，而方向是随时间与空间变化的，它常常又会变得不清晰，并不是非白即黑、非此即彼。合理地掌握合适的灰度，是使各种影响发展的要素，在一段时间里和谐共存，这种和谐的过程叫妥协，这种和谐的结果叫灰度。"

这颇有哲学意味的观点和理论，此后一直影响着华为的成长与发展，也影响着华为中每一个组织、每一位领导和每一位员工的工作模式。

在任正非看来，人性是复杂的，绝对不是简单的黑与白。而管理企业的本质就是在管人，正如彼得·德鲁克所说的那样："管理工作的主要目标就是通过有效的激励和控制，把人变成有效率、有贡献的人。"因此，在带领华为成长与发展的过程中，任正非不仅洞悉了人性的复杂，也逐渐掌握了管理的精要，就是在坚持"以客户为中心，以奋斗者为本"的价值观的基础上，以"开放、妥协、宽容"的灰度思维来激发人的正能量，抑制人的负能量，团结一切可以团结的人，调动一切可以调动的资源，挖掘一切可以挖掘的潜力，增强一切可以增强的活力，最终实现企业的目标与战略。

在华为内部，灰度工作哲学非常流行。比如，在部门与部门之间的部门墙，在需要开会的时候，各部门领导就会联手打通这堵墙，以期可以互通信息，共同推动会议的顺利召开。如果再将某一项工作落实到每个员工身上，华为的员工与员工之间也需要灰度。虽然很多工作有着清晰的边界，但每个员工都是活生生的人，而不是冰冷的机器，即使工作有边界，人与人之间也同样拥有互相帮助、互相配合的灰度存在。

在华为内部，应该体现灰度的地方，华为会将灰度哲学体现到极致；但是，在不该体现灰度的地方，华为也会把防微杜渐、严防死守做到极致。至于什么地方该体现灰度，什么地方不该体现灰度，也很容易判断，那就是：一线部门和创造利润的部门在工作中可以有灰度；只能消耗利润而不能创造利润的部门，在工作时就不该有灰度，否则就容易出现"前方吃紧，后方紧吃"的情况。

从这个角度来说，华为的灰度工作哲学并不是开放的，而是闭合的、有边界的。在边界之中，华为强调开放多元，但也有相应的限定。总结起来，华为的灰度主要对人，不对事，"对人讲灰度，对事讲流程"。这种工作哲学也贯穿整个华为，并带领华为闯过了一道道难关，一步一个脚印地走向了更宽广的未来。

本书从分析任正非的灰度思维这一华为工作哲学的精髓入手，分别从华为的团队建设、客户服务、用人策略、干部培养、薪酬体系和战略管理等几个维度，深入浅出地阐述了任正非的灰度管理哲学对华为工作模式的影响。了解和掌握这一工作模式，不但可以让更多的企业家、管理者在遇到困难时学会运用灰度思维去思考和处理问题，也可以让普通人在工作当中学习、运用这一思维，找到最适合自己的前进道路。

第一章

▼

灰度思维：华为工作哲学的精髓

第一章

灰度思维：
华为工作哲学的精髓

华为，这家 1987 年成立的民营企业，在 2019 年时一度成为全球的焦点，并借此演变成为一种特殊的精神符号与管理现象。华为成功的背后，离不开全体华为人的工作哲学。在华为逆势增长、不断胜利的进程中，其底层逻辑和最重要的精髓之一，就是任正非提出的灰度思维。

华为的开放、妥协与灰度

2007 年 12 月，任正非在中国香港与美国前国务卿奥尔布赖特进行了一次会谈。在这次会谈中，任正非阐述了华为成长和成功的思想逻辑，并第一次将"开放、妥协、灰度"三个词并列在一起，认为这是华为公司从无到有、从小到大、从弱到强快速发展的秘密武器。

事实上，不管是开放，还是妥协与灰度，既是任正非作为一个领导者的风范和管理艺术，也是贯穿整个华为的文化精髓。

2015 年初，任正非在人力资源委员会干部沟通处的座谈会上讲道："一个不开放的文化，就不会努力地吸取别人的优点，逐渐就会被边缘化，是没有出路的；一个不开放的组织，迟早也会成为一潭死水。在我们前进的路上，随着时间、空间的变化，必要的妥协是重要的。没有宽容，就没有妥协；没有妥协，就没有灰度；不能依据不同的时间、空间，掌握一定的灰度，就难有审时度势的决策。开放妥协的关键是如何掌握好灰度。"

开放，一直都是华为的核心价值观，也是华为灰度管理最基本的态度。开放是封闭的对立面，意味着贯通与流通，意味着交互与交换，意味着竞争与创新，更意味着气度与格局。作为一家通信设备企业、一家信息经济领域的核心供应商，在当前这个信息时代和知识经济时代，华为必须保持开放的态度，并且还要从商业逻辑到商业行为均保持最大限度的开放态度。开放是与环境同频的心态，也是与发展同步的格局，因此，任正非一再强调，华为开放就能永存，不开放就会昙花一现。

妥协，在现代汉语中的意思是指敌对的双方彼此退让部分意见、原则等，以消除争端，谋求合作或稳妥适当的结果。这一思想在华为体现为一种战略聚焦的思想，也是华为在战略层面紧抓战略焦点的立场。

华为的妥协，其实是要在经营管理中努力做到求同存异。任正非曾说："妥协其实是非常务实、通权达变的丛林智慧，凡是人性丛林里的智者，都懂得在恰当的时机接受别人的妥协，或者向别人提出妥协。毕竟人要生存，靠的是理性，而不是意气。"

灰度的概念可能是最难理解的，它是任正非的价值观和思维方式，也是他认知与洞察管理世界的坐标。

灰度思维，最早在 1997 年就出现在任正非的思想体系之中。这一年，华为制定了《华为基本法》。任正非讲道："我们的《华为基本法》本身没有一个最终明确的态度，它是模糊、混沌中的一条光束，大家都逐渐向它靠拢，靠拢过程要具体事情具体分析。如果我们的《华为基本法》最后产生明确的结论——什么是正确的、什么是错误的，什么可做、什么不可做——那么我们本身也失败了。"

这里面讲到的"模糊""混沌"等，即是灰度。此后，任正非的灰度思想一直伴随着其管理实践日益丰富和完善。在任正非看来，灰度就是一种常态。他认为，这个世界没有绝对的黑与白，绝对只是数学上定义的，在物理学上是不可能的。物理学上的黑一旦打开，灰尘落上去，就会变成灰。任正非信奉灰度、妥协，而黑与白之间的一个妥协就是灰度。所以，他经常说：领导人最重要的素质是什么？领导人最重要的素质就是方向、节奏，他的水平就是合适的灰度。

在任正非的管理思想的影响下，华为人在工作过程中也非常善于运用灰度思维，并不以是非黑白的标准来要求和评价别人，而是尽量模糊自己与他人的界限，创造灰色的观点，主动包容其他不同的理念和意见，并懂得在工作过程中换位思考、团结合作。在华为内部，在工作时出现意见上的分歧和争论是非常正常的现象，员工甚至可以公开批评领导，无论是谁，都要虚心接受他人批评。

有一次，一名员工在华为的"心声社区"上留言，吐槽了公司内部的一位高管，认为他在工作中的一些做法不可取。高管看到有人在社区里公然批评自己，非常愤怒，要求社区负责人一定要给自己查出来这个人是谁。社区负责人感到很为难，但碍于自己职位低，也不好公然违抗对方的命令，于是就找了个机会，私下将这件事告诉了任正非。

任正非知道后十分生气，觉得公司里不应该出现这种享受特权的干部。于是，他立即要求社区负责人将自己的社区账号报给那位高管。高管发现是任正非的账号后，立即偃旗息鼓，以后再也没有提及这件事。

宽容是灰度思维的核心思想，也是领导者在管理和工作中应用的原则和手段。领导者的宽容，不仅可以为企业营造和谐发展的环境，还能有效处理好企业内部与外部种种错综复杂的关系。

可以说，开放、妥协和灰度是华为文化的精髓，这三者之间又相互联系、相互影响，并非单一和独立地存在。开放是妥协的前提，妥协是灰度的途径，灰度则是开放的必然。正如任正非所说："我们的各级干部要是真正领悟了妥协的艺术，学会了宽容，保持开放的心态，就会真正达到灰度的境界，就能够在正确的道路上走得更远，走得更扎实。"

以灰度思维坚守既定目标

1954 年，美国管理学大师彼得·德鲁克在《管理的实践》一书中首次提到"目标管理"的概念。德鲁克认为，无论是企业还是个人，并不是投入工作之后才开始制定目标的，而是先制定目标，然后才开始工作，因为每个人的工作都需要目标来引领。

对于企业或个人来说，重要的也是设立既定目标，并对目标进行管理，然后按照目标一步步去行动。但是，有一些企业管理者或个人在推进目标的过程中，总想着一蹴而就；对于反对目标的人，也总是持打击或否定态度。结果可想而知：在推进目标的过程中遭遇重重困难，甚至导致目标半路夭折，难以实现。

华为历经多次改革，尤其是在管理上进行了一系列的改革。这些改革也不可避免地会触及某些人、某些部门的既得利益，因此，在改革的过程中，公司也承受了巨大的压力和阻力，导致目标出现混乱。

在这种情况下，任正非没有继续强制实施改革，也没有大刀阔斧地进行改造，而是尽量采取小修小补的方式，尽量照顾到那些反对者的利益，尽量做到妥协。按照他的话说："我们从来不主张大幅度地改革，而是主张不断改良。我们现在仍然要耐得住性子，谋定而后动。"

正因为这样，华为在发展过程中引进了IBM（国际商业机器公司）、德勤、盖洛普等公司的管理方式，但又没有完全遵循这些公司的管理方式，而是选用其中比较贴合华为发展模式的方法进行局部的改革。这样一来，华为不仅坚守了既定目标，又能为那些反对者创造一个逐步适应、逐步接受的环境，从而更有助于逐步达到最终目标。

任正非很清楚，如果急切地对华为进行大刀阔斧的改革，很可能会引起公司震动，甚至影响正常的运营。为此，任正非采用了"慢慢切割大象"的方法，小步骤地进行改革，不直接损害那些反对者的利益，采用弹性和更加开放的方法，一小步一小步地向着既定的目标靠近。

事实上，在改革之前，任正非和其他坚持改革的人都有一个明确的目标，但是在实现这个目标的过程中，他们更善于运用灰度思维。这个灰度思维就是对各方意见、态度、行为方式进行综合考量，是在坚持既定目标和方向的前提下，对各方意见适度妥协，对不同意见、不同利益团队、不同工作风格适度接纳和宽容。

比如，华为在最初引进国外管理体系时，就有很多老员工提出反对意见，认为国外的管理体系不一定适合自己。任正非虽然此时已经下定决心，但他还是采纳了一些老员工的意见，没有直接而彻底地对华为进行管理体系改革，而是在引入了一些改革制度之后，对华为的制度进行了优化改革，将国外制度中的一些精华内容与华为原有的制度和体系进行结合。这种做法既满足了华为改革的需求，也让老员工不会太反对，同时也坚守了华为发展的既定目标，让改革慢慢走上正轨。

在任正非看来，灰度和妥协正是辩证法指导的结果；有灰度、不执着，才能让自己的视野更加开阔，从而看清未来的方向；灰度和妥协不是软弱，恰恰是对既定目标更有力的坚守。

很多时候，为了减少阻力和压力，实现既定目标，就需要有意识地创造一种共存的环境，创造一种能够被多数人接受、认同，或者至少不反对的理念或方法。不论是管理者还是奋斗者，都要善于模糊自己的立场、原则和方法，将周围更多的人团结起来，让大家能够为了共同的目标而努力。

比如，在工作当中，常常会遇到意见不合的情况，也总会有人反对他人的主张或做法。对于那些有明确目标或特定方向的人来说，想要顺利实施自己的计划，实现自己的目标，就不能激进地认为只有自己是对的，其他人是错误的，而应该综合其他人的意见和建议，并尽量为他人的利益多做考虑，从而减少自己实现目标道路上的阻力。

这也是华为人的一种工作理念。在华为人看来，做人、做事都需要掌握灰度哲学，不能采用"非此即彼"的原则，不能激进地以"非黑即白"的观点来对待任何一项工作，保持妥协与宽容很重要。因为这样才可以帮自己减少阻力，团结更多的人，让自己在实现既定目标的道路上更加顺利。

清晰的方向产生于混沌之中

中国人大多喜欢讲原则、讲立场，因此多数人对事物的看法偏于两面：一件事要么是黑色的，要么是白色的，没有中间色。不论是对人的看法，还是组织的运作，都会出现非黑即白的判断，很少有人会考虑有没有第三条路可以选择。

实际上，黑与白是最容易走的两条路。一件事非黑即白，很容易做出选择。但在很多时候，事情并不是介于一个标准化的模式当中，单纯的黑或白都是极端的表现，并不符合为人处世的基本原则。换句话说，事情往往需要一些灰色地带、缓冲地带，以及一些让黑白冲突不那么明显、让黑白矛盾不那么激烈的状态。

能够将黑与白融合起来，往往才是最难的。

当前，企业的生存环境早已不再处于简单、纯粹、利于辨识的黑白状态，而是呈现出混沌、多元和不确定的灰色特征。但是，这种混沌、模糊的状态中往往蕴含着多种可能性和未来发展的方向。从这个意义上来说，"灰"不单单是黑与白的简单融合，而是对黑与白的突破与超越。

对于企业来说，面对的灰度领域、灰度地带和灰度问题越多，企业越需要冷静下来，回归到发展的原点，努力找到自己的位置，明确自己要坚守怎样的价值观等根本问题。同时，企业家也需要具有强烈的道德感召力，用坚定的目标追求、远大的理想抱负和积极包容的心态，为组织持续地输入正能量，从而凝聚人心，与大家达成共识，带领大家找到清晰的方向，探索企业的发展出路。

可能有人认为，灰度哲学所倡导的就是不分黑白和没有原则地和稀泥。其实不然，灰度既能了解黑、白所代表的事物的两个极端，又能超越极端，做到"叩其两端而执其中"。也就是说，灰度是在坚持原则和方向的基础上，将矛盾的信息观念融为一体，同时还能根据实际情况的变化适时调整，从而找到最适宜解决问题的确切路线和"黄金中道"。

任正非曾经以史为鉴，指出中国历史上有很多出色的改革家，这些人能力出众、富有远见，但唯一的缺点是太过于激进和极端，没有兼顾各方的利益，最终遭到巨大的阻碍。如果变法者能够用较长时间来实践，而不是太过急迫和绝对，也许可以取得不错的效果，大众的接受程度也会更高一些。

任正非还专门写了一篇关于灰度的文章，叫《管理的灰度》，其中指出，领导者的水平就是合适的灰度，清晰的方向同样来自灰度。

在意识到这一点后，任正非在管理华为的过程中，也经常会从大局来考虑问题，兼顾各方面的利益，凡事不从单一面来做决断，该妥协时就妥协，该迂回时就迂回，而不是固执地认为别人一定是错的，自己一定是对的。他也把这种思维和观念传递给华为的每一位员工，提醒大家在认识事物时不要有极端、绝对的观点，而是要有强大的心理承受能力，学会拥抱变化。

比如，当企业处于变革时期时，一些极端化的选择虽然更容易鼓动人心，但结果很可能适得其反。这时，管理者就需要借助灰度思维来解决问题，从而达到一种平衡。在管理工作出现争议和矛盾的时候，也要努力去寻找一个模糊地带，让所有人都能接受，不会产生太大的抵触情绪。

多数企业在制订计划并决定实施时，常常会先明确方向，然后按照既定的方向去实施，并强调方向的正确性与原则性。但是，这也容易导致企业关注的焦点只停留在固定的方向和实施的措施上。

实际上，企业阶段内的目标虽然是唯一的，方向也是唯一的，但方法却是多种多样的。而使用什么样的方法才能更高效地完成目标，才是管理者和员工在工作中真正要考虑的问题，这也恰恰就是灰度思维的优势所在。

华为的成功给所有企业提供了一种思路：不管是管理，还是工作风格，都要善于运用灰度思维，不能采用"非此即彼"的原则，不能激进地以"非黑即白"的思维来对待任何工作，保持模糊很重要。任何事、任何人都有对立的一面，都有各自的优势和缺点，依靠那些模糊的原则和界限将这些对立面统一起来，才是解决问题的最佳方法。

方向与原则不妥协，妥协的是过程

　　有些人习惯性地认为，妥协就是软弱的表现，说明意志不够坚定。其实，在工作当中，妥协是经常发生的事情，适当的妥协反而可以提高工作效率。

　　在华为内部，大家在工作中经常会遇到各种问题，甚至是矛盾和冲突，这时，不管是任正非本人，还是其他管理层人员，抑或是普通员工，都懂得适当妥协的必要性。在任正非看来，妥协是一种非常务实、通权达变的丛林智慧。凡是人性丛林中的智者，都懂得在适当的时候接受别人的妥协，或者向别人妥协。毕竟人都是要生存的，工作也是要做下去的，这时就要靠理性而不是意气来处理双方的矛盾和冲突，最终在某种条件下达成共识。在解决问题上，这也许不是最好的办法，但在没有想出更好的办法之前，它就是最好的办法。

当然，妥协不是让人放弃正确的方向和原则，相反，妥协恰恰是对正确的方向和原则的坚持。任正非在华为经常说，妥协不是为了让大家让步，而是以退为进，通过恰当的交换来确保目标的实现。在这个过程中，对方向和原则的坚持是不能让步的，否则就失去了妥协的意义。真正妥协的其实是解决问题的过程，即双方或多方在某些方面做出让步，以此作为交换条件，最终让大家能够回到正确的方向和原则上来。

2009年，任正非在华为全球市场工作会议上强调："方向是不可以妥协的，原则也是不可能妥协的，但是，实现目标方向过程中的一切都是可以妥协的。只要它有利于目标的实现，为什么不能妥协一下？当目标方向清楚了，如果此路不通，我们妥协一下，绕个弯，总比原地踏步要好，为什么要一头撞到南墙上？"

在工作当中，妥协是为了实现双赢或多赢。当双方或多方僵持不下时，每个人都想按照自己的思路来，这就必然会导致工作进行不下去，甚至影响最终目标的达成。在这种情况下，学会适当妥协，往往可以避免冲突的进一步加深，让彼此的关系变得融洽，从而更快地达成目标。

近年来，华为手机的销量在全球范围内呈现稳步上升趋势，这与华为的营销策略息息相关。在任正非的灰度思维、妥协思维的指导下，华为在海外市场采取了与国内不同的策略。在西方国家的市场上，华为采取了全面西化的管理模式，并严格遵守各国的法律法规，同时在一些国家的华为公司中还设立了道德遵从委员会等，以使华为员工在语言、习俗等各方面融入所在国家的文化当中。

这就是一种灰度思维，也是一种妥协策略。为了达成既定的方向和目标，在行动上适当做出妥协，不但有利于达成目标，还有利于华为在海外树立自己的品牌形象。

华为的这种工作哲学为其开拓了更大的市场，带来了更多的客户。任正非曾说，自己在"多少情况下都是投降主义"，但是这并没有动摇华为的发展方向，反而让华为在这一策略下走得更远。

当然，有些人在工作当中就是不愿意妥协，这类人还不在少数，华为也遇到过这种情况。华为的员工大部分是血气方刚的年轻人，好胜心强，说话、做事喜欢丁是丁，卯是卯，不愿意委屈自己，向别人妥协。在这种情况下，任正非积极为他们解释妥协的真正意义：妥协不是让自己放弃原则，一味地让步，而是适当地进行交换，为了实现主要目标，在次要的目标上做出适当的让步，以确保主要目标的最终实现。这不但帮助年轻员工学会了更加柔性地处理问题，也让他们逐渐认同了华为的灰度哲学、妥协哲学。

事实上，人与人之间必然是存在差异性的，想要在工作中把自己的优势发挥出来，就要拥有一定的宽容和妥协心态。这不但不是软弱，反而是一种坚强，因为你所体现出来的宽容和妥协都是有目的、有计划的，主动权仍然掌握在你自己手里。

华为能够从一个后进者成长为行业领军者，离不开管理层的宽容与妥协的态度；同样，华为能够在变革中不断化解冲突，让员工坚持在同一个方向上发展，也是因为管理者和员工都能够做到互相包容、互相理解和互相适当地妥协。

在华为内部，制度和纪律都是很严格的，但这并没有让华为人丢掉自己的个性和工作作风。就拿华为消费者 BG（运营中心）的 CEO 余承东来说，一直以来，外界都认为余承东行事高调，经常说出一些惊人之语，因此也为华为惹来很多争议。但是，任正非始终对余承东表现出包容的态度。对于华为内部对余承东的争议，任正非也宽容地表示要允许"异见"存在。

任正非的这种态度既支持了余承东，又化解了余承东与员工之间的矛盾，这就是一种管理智慧。明智的妥协是一种让步的艺术，也是一种美德，而掌握这种高超的艺术，就是管理者的必备素质。只有学会妥协，才有可能实现双赢或多赢，否则必然两败俱伤。

　　在工作过程中，我们也要真正领悟妥协的艺术，在坚持既定的方向和原则不变的前提下，适当学会宽容、学会妥协，保持开放的心态，就会真正达到灰度的境界，就能够在正确的道路上走得更远，走得更扎实。

将矛盾变为华为的发展动力和契机

在企业的发展过程中，一个永远难以回避的问题就是"乱"与"治"的问题。企业要发展、要扩张，就必然会导致原有秩序被打破，原有的利益关系要重新调整，各种矛盾和冲突交织在一起，就会引起内部的混乱。这些新产生的矛盾会成为企业进一步发展的阻力，需要企业进行治理。正是在这种循环往复之中，企业获得了发展的动力和契机。但是，一些企业也容易在这一矛盾的冲击和阻碍下停滞不前，甚至轰然倒下。因此，企业发展中的矛盾考验着每一位企业家的经营智慧和管理策略。

在华为内部，任正非将这种"乱"与"治"的矛盾归结为企业的"扩张"与"精细化管理"的矛盾。在任正非看来，企业要扩张，就必然会造成内部的混乱，而精细化管理是为了解决过度混乱的内部关系，继而为接下来的扩张奠定基础。任正非将这种情况界定为：乱中求治，治中求乱。前者强调保持企业扩张的有序和可控，后者强调打破平衡、继续扩张。这样一来，就可以确保企业内部治理处于一种和谐的灰度状态。

任正非强调："精细化管理的目的，是为了让扩张不陷入混乱，而不是要紧关城门。我们讲精细化管理，不是说不扩张。面对竞争，我们还是要敢于竞争、敢于胜利的。只有敢于胜利，才会善于胜利。扩张和精细化管理并不矛盾，两者应该有机结合起来。浑水中摸鱼，只有强者才能摸到鱼。……从哲学角度来说，任何东西的平衡都会被打破，这样新的生命才会产生，才能成长。就像我们人类会死亡，但我们留下了新生的后代一样，这就是平衡被打破了。"

不论是企业在经营管理中，还是员工在工作中，都存在着大量的相互矛盾和相互制衡的关系，如激励与约束、集权与扩权、继承与创新、短期利益与长期利益、团队合作与尊重个性等。这些关系构成了黑白两端，需要企业和员工做出恰当的选择和决策。

对于这样的矛盾，任正非通常会指导华为员工以灰度思维来看待和处理，以矛盾的思维看待与解决这个矛盾，既不走极端，也不过分追求平衡，其核心就是依据灰度哲学，抓主要矛盾和矛盾的主要方面，有效地利用这些矛盾内在的能量，将矛盾变为公司的发展动力和解决问题的突破点。

2009 年 1 月，任正非在《谁来呼唤炮火，如何及时提供炮火支援》一文中写道："我们在变革中，要抓住主要矛盾和矛盾的主要方面，要把握好方向，谋定而后动，要急用先行、不求完美，深入细致地做工作，切忌贪天功为己有的盲动。华为公司的管理，只要实用，不要优中选优。天将降大任于斯人也，要头脑清醒，方向正确，踏踏实实，专心致志，努力实践，与大洪流融到一起，必将在这个变革中，获得进步与收获。"

在任正非的管理和工作词典中，很少会出现"改革"一词，他更强调的是改良、改进、改善。改革虽然激动人心，也能让企业家更有成就感，使其被冠以"变革型领导"的美誉，但不可否认的是，改革更多是受"非黑即白"的思维所主导的，而这是任正非不认同的。他多次强调自己是"保守派"，坚守的是"改良主义"，即使面对管理和工作中的各种矛盾，也会主张一点点地化解矛盾，而不是"大刀阔斧地改革"。而任正非也坚持用"改良主义"帮助华为实现了从量变到质变的发展过程。

任正非对华为内部各阶层提出了不同的要求，综合起来看，也是基于内部结构区分的灰度哲学。比如，他要求高层要有使命感，中层要有责任感，基层要保持饥饿感；高层任人唯亲，中基层任人唯贤；高层读书破万卷，中基层读书破万遍；眼睛对着客户，屁股对着老板；效率优先，就是公平；等等。

在任正非看来，决策的过程是灰色的，所以决策层必须有开放的大脑、妥协的精神，这样才容易集思广益。但是，越往基层，就越要强调执行。高层决策不应该快和急，慢一些可以少出错；而基层就要讲速度、讲效率。

这种静水潜流的灰度思维，就是任正非和华为在长期发展过程中所坚持的核心价值主张和工作哲学。以"天下之至柔，驰骋天下之至坚"，这就是华为灰度思维的力量，它既为华为的发展提供了强大动力，也为华为的突破找到了一次次契机。

经营管理学会求同存异

在企业发展过程中，不管是管理者还是普通员工，彼此之间都会不可避免地存在一定的差异。对此，任正非认为：人与人之间的差异是客观存在的，这就要求管理者在管理企业时要懂得尊重差异、包容差异。不同性格、不同特长、不同偏好的人能否凝聚在组织目标和愿景的旗帜下，依靠的就是管理者和诸多员工在沟通往来过程中彼此之间的包容与尊重。面对差异，除了寻找有针对性的解决方案，还应该在此基础上，兼容并包，求同存异，将个体的差异转化为集体的优势。

华为作为一家全球性的信息与通信技术（ICT）解决方案供应

商，经常需要不同部门之间进行跨地域合作、跨部门合作。在这种情况下，必然会出现很多问题、产生很多矛盾。为了能更好地实现团队的进步和团队成员之间的融合，华为倡导兼容并包的开放态度。

华为在开发 100G 高速光传输技术的时候，前后投入了几百人，成员分布在世界各地。仅仅是在中国的工作人员，就包括了成都、深圳、上海等研究所的研究员，部门涉及海思芯片、海思光电子、网络研发部等。不仅如此，团队的核心成员中还有一大批博士和专家，以及在各个攻坚岗位上的众多研发工程师。项目在开发过程中，团队需要 24 小时不间断地运作。

这样庞大的跨国团队在运作过程中，不可避免地产生了很多问题，导致项目一开始就面临内忧外患的风险。在外部，有人质疑："这么多专家专攻一个项目，各有各的技术观点，要统一起来简直太难了！"在内部，大家在对一项核心技术进行研讨时又产生了严重的分歧，结果就是大家争论了一个多月，导致该技术开发延时，对项目性能的影响需要反复确认、评估，降速验证方案的可能性也有众多分歧。

面对外部质疑，华为的专家们积极做出澄清，同时又重新明确了项目组内部团队的定位与价值，梳理了新的工作流程与组织方式。比如，对于下游环节提前介入上游环节进行研讨，每次会议结束后及时做好信息的传递，确保上下游无缝衔接。项目组也表示，要用自己的行动证明"横跨太平洋的大象，原来也可以跳舞"。

面对内部的争论，项目组则以完全开放的态度去对待不同的意见和观点。当大家在核心技术上有不同观点时，项目组内部会成立两个团队独立运作，分头验证不同观点的正确性，最后方案也是采取折中方法，将两方面的建议完美结合。

事实证明，这种求同存异的开放态度，不仅没有影响项目的正常进行，反而让项目组各成员走得更近，项目也推进得更加顺利。

经营管理不仅要坚持正确的方向，还要在遇到问题和矛盾时，学会在恰当的时机适度妥协，学会换位思考，站在对方的立场上进行思考和决策。然而，在很多人看来，妥协、换位思考似乎就是软弱和不坚定的表现，似乎只有毫不妥协，才能显示出英雄本色。但这种非此即彼的思维方式，其实是认定了人与人之间只有征服与被征服的关系，而不是合作与共赢的关系，因此才没有妥协的余地。

事实上，学会求同存异地看问题，学会适度地妥协和宽容，恰恰是一种非常务实的表现，也是一种充满智慧的工作哲学。

2014年，华为海洋网络有限公司COO毛生江在与新员工展开座谈，在被问到"在团队中碰到喜欢挑刺的人，应该如何与他们合作"的问题时，毛生江回答说："一个人对别人的适应，或者别人对你的适应，就像是一把扇子，你能适应的就是一个扇形，而不是一整个圆。在工作中，我们需要不断修炼自己适应不同人的能力，学会欣赏个体差异。"

在华为，不论是日常管理，还是上下级之间的沟通、员工之间的合作，华为人都抱着一定的求同存异的态度。"管理不能超越经营"，这是很多管理者没有意识到的问题。很多管理者心中始终有个结，就是事事都想追求完美，一旦看到企业里出现了一些问题，就想立刻加强管理。

实际上，优秀的公司、优秀的管理者都有一个特点，就是允许有适度的混乱，这个"乱"其实就是活力。任正非曾在华为内部多次强调，要允许事物在矛盾的运动中前进。矛盾的运动当然会有一些混乱，前端跟后端之间要有较量。如果前端跟后端之间完全没有较量，全靠上级去裁判，那是很痛苦的。只有前后端之间互相博弈，最后找到一个平衡点，摆脱上级的裁判，公司才能健康地向前发展。

延伸阅读 ▶▶▶ 华为的首要任务是活着

从南油集团离开以后，任正非失业在家，但是性格坚强的他并没有沉沦下去，而是积极寻找机会。很快，一个新的机会就出现在了他的面前。当时，任正非的一个朋友正在做程控交换机的生意，由于销路不畅，朋友便想到了曾在南油集团工作的任正非，二人一拍即合，很快达成协议，共同创业。

推销程控交换机的这个决定，让任正非正式踏足通信领域，成为建立华为的一个重要契机。

美国人在 1965 年就发明了程控电话交换机，这是人类在通信技术上的一个重大突破，它让电话的声音更清晰，费用更低，因此发明之后，很快就占据了世界各国的主流市场。当时中国还没有普及电话，更没有制造交换机的技术，一些具有远见卓识的人便选择代理交换机的生意，通过转手倒卖获取高额利润。也有一些人选择组装交换机，然后贴上自己的标签。然而，这些始终不是长远之路，任正非的内心有着更大的规划，他要亲手打造一个商业帝国。1987 年，任正非拿着筹集到的 2.1 万元人民币，与其他合伙人一起，在深圳的一间出租房内创办了一家公司。

"十几个人，七八支枪"，这就是华为最初的模样。谁也不会想到，眼前这家小小的公司，未来竟会变成一个庞然大物。

华为成立时，国内的通信设备制造技术几乎是一片空白，国内的厂商在国外的通信巨头面前毫无招架之力，那时的中国市场形成了"七国八翻"的场景：日本的 NEC（日本电气股份有限公司）和富士通、美国的朗讯、加拿大的北电网络、瑞典的爱立信、德国的西门子、比利时的贝尔和法国的阿尔卡特八家公司共同瓜分了中国市场。这些老牌厂商凭借着技术上的优势，疯狂掠取利润。一台普通的交换机，欧美厂商的价格一般是每线 300 美元—400 美元，日本厂商大约为 180 美元。

那时，中国本土的企业刚刚起步，没有自己的核心技术，硬实力不足，根本无法同国际巨头竞争，谁也不敢相信，中国企业能够造出自己的程控交换机。

华为进入市场之后，成为一家香港公司的销售代理，靠价格差获利。经过几年的发展，获得了第一桶金。但是任正非对此并不满足，他决定走自主研发的道路。

很多人不理解任正非的做法，因为在当时的背景下，即便是做代理，利润也相当可观了，自主研发则千难万难，弄不好还会把所有资本都赔进去。其实这正是由任正非的本性决定的，他向来不甘心屈居人下，他要让华为成为行业内的领导者。

从公司成立的第一天起，"居安思危"这四个字，就已经被任正非刻进华为的骨子里了。从此以后，华为的所有员工都受到这股精神的感染从而拥有独特的气质。华为不是一个养老院，而是一个"修罗场"，是一个供人才"战斗"的地方。

2019 年，任正非在接受 BBC 采访时，回忆起了这段艰苦的岁月，他说："我们那时候走上市场以后，不知道市场是什么，也不知道应该怎么做事，实际上就是走到了一种完全不容易生存的时候。

"刚好我这个人又是一种比较激进的性格，我就走到深圳这个地方。深圳正是市场开放的前沿，市场化程度比中国其他任何地方都快。我一个完全是在军队里面工作、完全服从命令的人突然来到市场经济进行货物的交付运作时，是非常不熟悉的，所以我也吃过亏、上过当、栽过跟头。但是这时我还得爬起来，因为还有老婆、孩子要生存，我要养活他们。所以，那时候想是不是可以创业，做一个小公司。创业的资本大概 2.1 万元人民币，相当于 2000 英镑。这 2000 英镑还不完全是我的，因为我的转业经费只有 2000 英镑的 1/5 左右。我集资创立了华为公司。是时代把我们推向这条路。

"我们走向这条路是为了生存，并非为了理想，那时候还不具有理想，因为那时候生存条件也不具备。我当时的创业经费不够今天一个服务员半个月的工资，怎么能有理想？所以，那时我们第一个要素是'生存'。"

即便到了今天，华为已经成长为国际领先的通信公司，但是华为人依然没有忘记这个理念。2019 年 3 月 3 日，荣耀总裁赵明在接受媒体采访时，就曾明确表示："企业最重要的责任就是活下去，活下去才有机会服务消费者，服务客户，活下去是最大的责任，你才可以对股东负责。如果说你对活下去这个事情都有疑问的话，这是非常不合适的。"

在任正非等人的领导下，华为人表现得非常成熟，总是能够准确地认清现实，并且根据现实情况做出正确的决定。成熟的思维方式让华为人拥有了非同一般的耐力。一家企业能否有光明的未来，关键不在于规模有多大，也不在于盈利空间有多广、盈利速度有多快，而是要看企业的耐力有多强。伟大的公司从来不是昙花一现的，而是能够经受住时代的考验，最终存活下来。

华为人自始至终都保持着强烈的危机感，这是由任正非等人从华为创建之初就已经确立的精神。过去的30多年里，在信息化、数字化的浪潮中，华为没有一天停止过对未来世界的想象，更没有一天停下在现实世界里不断努力的脚步。在2003年，提出网络时代全面向"ALL IP"发展演进；在2013年，提出数字化时代全面向"All Cloud"发展演进；在2023年，提出智能时代全面向"All Intelligence"发展演进，通过人工智能领域的理论创新、架构创新、工程创新、产品创新、组合创新和商业模式创新，华为致力于使能百模千态、赋能千行万业。

在智能时代汹涌澎湃的浪潮中，华为坚定地将"活着"作为首要任务，这不仅是对企业生存智慧的深刻洞察，更是其持续创新与稳健前行的基石。面对前所未有的机遇与挑战，华为日就月将，不懈探索未知，致力于构建一个万物互联、智能融合的新世界，引领行业迈向更加辉煌的未来。

第二章

团队建设：
以奋斗者为本

为什么华为会集了大量的高素质人才，却没有出现各自为战的个人主义？为什么华为聚集了最顶尖的人才，外界所知的却只有一个共同的名称——华为人？从企业文化角度来说，原因在于华为一直倡导以人格尊重为前提的团队精神。而凝聚这股团队精神的，就是华为的灰度工作哲学。

华为的成功不是一个人的

很多企业只有一只头狮，就是企业的老板。大家鼓励老板努力工作，把企业成功的希望都寄托在老板身上，等老板"干不动"了，企业也就"关门"了。

对于华为人来说，成功从来不是一个人的，大家也不会把成功都寄托在一个人身上。任正非曾说："我不懂技术、不懂管理，也不懂财务，只是手里提着一桶糨糊，浇在大家脑袋上，把十八万名员工团结起来。"

在华为的发展过程中，任正非一直致力于建立开放和分享的企业文化，致力于打造一个开放的企业。因此，他主张公司的每个部门、每位员工都能够结成利益共同体，可以互相帮助、彼此信任。经过多年的管理和改进，华为也成为一个内部各个部门联系紧密、沟通流畅的企业，每个部门既分工明确，又呈现出一体化状态，任何一个部门都可以与其他部门进行信息与资源间的共享，任何一位员工也可以将自己所掌握的有效信息分享和反馈给其他需要的同事。

对于一家持续而稳定发展的企业来说，开放与分享体现了企业文化的优秀。有些企业中的部门与员工喜欢藏私，生怕自己的信息或资源优势被别人知道，因此不愿意与别人共享。另外，由于涉及业绩考核、奖金、升职等问题，内部竞争非常激烈，所以也没有谁愿意当好人去成全别人。为了获取更多的私利，公司内部各部门或员工自然会选择独立和封闭。

在这种情况下，部门与部门之间、员工与员工之间不仅难以形成整体，还可能会相互制约，结果导致企业内部运营出现问题。这是一种非常不健康的企业文化，不但会破坏企业的整体协作能力，还会限制企业的健康发展。

为了避免这种情况发生，企业就要努力培养开放的文化氛围，员工也要懂得在工作中与他人相互配合、相互分享，尤其要懂得分享信息、分享资源、分享利益等。

任正非在华为一直提倡"工者有其股"的理念，尽量让每一个为华为做出贡献的人都可以享有华为公司的股份。因此，虽然任正非是华为的创始人，但多年来一直在主动释放自己的股权，而将大部分的股权都分配给了华为的管理者和员工。不仅如此，任正非还努力降低自己在华为的影响力，要求那些能力出众的管理者和技术骨干一定要保持低调谦虚的姿态，不搞特殊化，不搞个人英雄主义。他认为，一个企业最大的成功就是去英雄化，只有个人英雄主义消失了，企业才能更加健康，内部工作的积极性才会更高。

任正非的这种管理思想体现出来的就是一种灰度思维。华为尊重员工的价值和主观能动性，对于一些个性化的东西也会予以保护，但绝对不会纵容。个性可以发展，也会受到一定程度的约束，要确保个性与团队目标以及利益相一致，确保和团队其他成员相互配合。

华为为了避免和消除个人英雄主义，还要求所有人都参与工作，为公司出力。无论自己能否顺利完成任务，都要懂得与别人合作的重要性。因此，在华为，只要某个部门有任务下达，部门员工都需要做好准备，确保每个员工都参与进来。在一些重要问题上，即使是任正非本人，也不能随便拍板定案，而要主动征求其他人的意见和看法，尊重其他人的观点。哪怕有些人的想法和观点是错误的，也要认真听对方把话说完，而不是急于反驳。任正非和华为人认为，只有重视每一个有价值的个体，群策群力，才能把工作做到位。

不过，合作并不等于一起工作，团队成员在共同参与工作的过程中，还要注意相互配合，严格按照团队规划推进工作，不能贸然推进。华为人讲究群体行动，尤其是华为的老员工，很善于把握工作中的三个基本原则：做，一起做，有组织、有纪律地做。任何工作都讲究配合，绝不私自行动。正因为员工之间可以做到相互配合，才使得整个华为形成了一股合力，不仅提高了工作效率，也让华为在市场竞争中成为佼佼者。

2004 年，美国顾问公司在帮助华为设计公司组织结构时，认为华为缺乏领导中枢机构，便提出要设立 EMT（Executive Management Team，经营管理团队）。但是，任正非不愿意担任 EMT 主席，于是便提出了轮值主席制度，由公司的 8 位领导轮流担任 EMT 主席，每个人轮值半年。经过两个循环后，这一制度演变成华为现在的轮值 CEO 制度。

正是这种轮值制度，逐渐平衡了华为内部各方面的矛盾，使公司得以均衡成长。轮值的好处就在于：每一位轮值者在一段时间里担负了公司 CEO 的责任，不仅要处理日常事务，还要为高层会议起草文件，这就大大锻炼了他们各方面的能力。同时，他们还不得不放下身段，否则就得不到他人的拥护。如此一来，轮值者就可以将自己管辖的部门带入全局利益之中，维持全局的平衡，公司的山头无意中便被削平了。

这些工作方式，都体现出了华为开放、妥协的工作风格，也体现了任正非的灰度哲学。就像任正非一直强调的那样，华为的成功从来不是因为依赖于个人，也不是把命运系于个人身上，华为的成功，"是由于它拥有一个无私的领导层以及一大群不服输的团队。我们不保证人人都能成长、都能成功，但是我们确实会向每一位员工开放成长、成功的机会"。

以妥协和宽容维持团队平衡

　　长期以来，人们认为"妥协"是一个贬义词，甚至将妥协视为立场不坚定的表现。然而，任正非并不这样认为。在任正非看来，对原则性的东西是不能妥协的，但对于一些非原则性的事物，要懂得适当妥协和宽容，这样反而更容易成功。尤其是在团队合作方面，如果双方在一些本就有望达成共识的问题上各执一词，互不让步，结果只会导致合作失败，甚至两败俱伤。

　　任正非曾经指出，企业中的员工开展工作，无非涉及两个方面：一方面是同物打交道，另一方面是同人打交道。在同物打交道时，不懂得妥协和宽容也许并不影响什么，如一个科研工作者，每天在实验室做实验，跟各种实验器具打交道，即使性格有些孤僻，也无伤大雅。但是，如果是跟人打交道，尤其是在企业中工作，或者是在企业担任管理者和领导者时，就必须学会以适当的妥协和宽容来维持团队的平衡。

这一点不难理解。在一个组织或企业当中，少则几十人，多则成千上万人，如果没有妥协、没有宽容，就没有团结，也就不可能形成合力，共同推动企业健康发展。

所以，在华为内部，任正非积极倡导华为员工要用灰度思维看待问题，也就是遇到问题、处理问题时不要过于简单、绝对，不要把黑与白绝对对立起来，也不要把事物僵化为固定不变的范式。

杰克·韦尔奇曾说："我的成功，10%是靠我个人旺盛无比的进取心，90%是倚仗我那支强有力的合作团队。"在企业中，不论是高管班子的构建，还是团队组织的建立，成员之间能够互相宽容、彼此互补，是企业和团队健康发展的前提。

2000年末，为了解决华为优秀人才流失的问题，任正非召开了一次高管内部会议，参会的人员包括孙亚芳、郭平、费敏、徐直军、胡厚昆等人。在会上，任正非首先提出："目前，华为的人员结构太过薄弱，需要引进新的人员，激发企业内部活力。"但徐直军认为："华为当前更需要的是保持现有人员的稳定，减少员工熟悉环境的时间，提高市场部的工作效率。"胡厚崑也提出："无论是研发部门，还是市场部门，保持人员的稳定是当前最重要的事。"在一旁一直没有发言的孙亚芳也提出了自己的建议："不可否认，华为的人才流失现象已经成为事实。我们应该想办法让优秀的人在华为内部选择更加适合自己的职位，而不是离开华为。"

很显然，几位高管的意见都与任正非的意见相左，这时任正非的最终决定就变得十分重要。面对这些不同的声音，任正非并没有任何的不满，也没有继续为自己的观点辩解。会议最后做出决策：将内部外聘的权力下放到华为的各个部门，由各部门根据自己的实际情况做出决定。

其实，不论是华为，还是其他企业内部，不论是高管之间，还是员工之间，都应该借鉴华为内部高管团队的做法，领导者不做高高在上的"君"，下属也不必做唯唯诺诺的"臣"，而是建立一种相互尊重、相互妥协又彼此信赖的伙伴关系，这样才更容易维护团队的氛围，维持团队的平衡。

在团队工作中，存在冲突是正常的。为了更好地解决问题、达成共识，团队成员需要无惧冲突，直面分歧，实事求是地进行交流，而不是因为害怕冲突就掩盖问题。明明问题泛滥，却刻意营造出一种一团和气的氛围，这才是对团队、对组织最大的伤害。团队内部应该鼓励"建设性的冲突"，就像华为的"蓝军"一般，敢于进行逆向思维和审视，论证"红军"的战略、产品和解决方案中的漏洞或问题，这样才能帮助"红军"少走弯路。

当然，团队内部就某些问题出现意见不统一、争执不下、无法决断的情况也在所难免，但大家应该意识到，共识并不代表完全一致，而是需要保持一定的灰度思维。对于高层管理者来说，这一点更加重要。而华为的灰度工作哲学，就是认为灰度是事物发展的自然规律，强调的也是一种妥协与宽容的智慧。尤其是面对一些短期与长期、局部与整体、稳定与变革、个体与组织等矛盾时，更需要以辩证思维看待，不能采取非黑即白、非白即黑的简单二元思维处理。

对于那些难以达成一致的冲突，也可以设置决策原则。只要坚守原则，就能提高成功的概率。比如，华为坚持的"以客户为中心"原则，就是坚持以客户价值为先，保持利他思维；再比如，华为坚持的"长期主义"原则，就是在考虑当下利益的同时兼顾未来，站在更长远的角度考虑企业决策。而在得出结论、形成行动方案之后，团队成员就要坚定不移地执行。

以这样的理念进行团队建设，既能考虑到不同成员的利益，又不至于偏离整体目标，团队内部才有可能更加平衡，也更有可能实现长期的发展。

胜则举杯相庆，败则拼死相救

任正非曾说过这样一句话："不管谁胜利了，都是我们的胜利，我们大家一起庆祝；不管谁失败了，都是我们的失败，我们拼死去救。"

一个优秀的团队，不仅可以有效提高工作效率，还可以增强企业凝聚力，促进企业的长远发展。任正非在 1994 年的市场营销胜利祝酒词中有这样一句："胜则举杯相庆，败则拼死相救。"这句话便体现了华为团队的工作哲学：成功时大家要一起庆祝，失败时也要共同面对，一起解决困难。这种积极的工作态度和团队精神不仅体现出了华为团队成员之间相互扶持的工作态度，同时也将"没有成功的团队，就没有成功的个人"的工作理念不知不觉地深植于团队成员心中，使之成为华为人习以为常的工作状态。

在华为内部，有一个充满神秘感的部门——"蓝军参谋部"。在很长一段时间里，华为的员工都不知道这个部门的存在，直到2013年，任正非在一次内部讲话中提到，才让这支"潜伏"长达十余年的"部队"浮出水面，也让更多人了解到华为团队成长的关键机制——"红蓝军"对抗机制。

其中，"红军"代表的是华为的企业团队，"蓝军"代表的是华为竞争中的假想敌，它需要站在客户、竞争对手的立场来审视华为，指出华为的缺点和不足。简而言之，"蓝军"就是专门跟华为"唱反调"的反对派。它存在的目的就是要与"红军"形成对抗，激发华为团队成员赢的欲望，并通过这种方式将员工的一些不合时宜的思想过滤掉，消除员工身上的惰性。

这就是华为利用"战争"PK来修炼团队"狼性"的方法，同时也造就了华为"胜则举杯相庆，败则拼死相救"的英雄观和团队奋斗文化。

团队奋斗也是华为文化的真正内核。在华为成立初期，任正非就曾说过："下一个时代是群体奋斗、群体成功的时代，这个群体要有良好的心理素质。别人干得好，我们为他高兴；他干得不好，我们帮帮他。这就是群体意识。"

在激烈的市场竞争中，依靠团体的力量往往更容易成功。2011 年，华为的徐海明在某国负责一个光纤海缆路缆项目，但因为友商干扰，以及融资优惠问题存在争议，华为在与客户签署合同后，一直无法落实融资。

为了解决这个难题，徐海明充分发挥了项目组各个成员的优势：让技术专家到现场讲解方案；让项目组成员在银行与该国政府斡旋，积极推动融资谈判；让会说该国语言的客户经理到该国各地考察，积极响应客户需求；让网络维护专家去该国各地维护客户网络，提高客户网络的使用质量……在项目组全体成员的共同努力之下，团队克服了重重困难，最终启动了项目。

这一项目的成功启动，深刻地体现出华为团队奋斗的重要性，其中既体现出了团队成员互助的力量，也体现出了团队成员之间互补的优势，正如任正非所提倡的那样："时代呼唤我们要融入群体文化，在群体奋斗中努力发挥自己的个性。"

华为一直都非常重视团队作战的力量，但这并不代表团队中的每一个员工都必须掩盖自己的锋芒，去努力适应团队的需要。相反，华为也尊重员工个性，并且充分发挥员工所长，使员工优势互补、团结有序。这样才能满足公司在各个经营形势下及各种业务场景中对人才的利用，才能为公司打造出一支战无不胜的"铁军"。

2019 年，任正非在某战旗交接仪式上，说出了自己近年来的目标，即"要在艰难困苦中完成队伍建设，建立一支迎接胜利的'铁军'"，这支"铁军"的战略凝聚点，就是华为的团队作战精神。在任正非看来，华为如今的团队口号不应该是"生存"，而应该是"胜利"，因此华为需要有野心的人才、有团队精神与奋斗精神的人才，组建起一支所向披靡的队伍。

在任正非看来，任何事都没有绝对的好与坏，好事可能变成坏事，坏事也可能有好的一面。打造团队的过程也是如此，团队中的每个成员都有自己的优势，也有自己的不足，但我们不能因为对方有缺点，就全盘否定他的优点，而是要用灰度思维去看待员工的问题，这样反而更容易让员工在团队中充分发挥自己的优势，让员工产生一种价值感和使命感，激励他们为团队共同的目标奋斗，从而在关键时刻真正做到"胜则举杯相庆，败则拼死相救"。

从"狼性"走向"人性"的灰度文化

人们常常将华为的企业文化提炼为"狼性文化"，把任正非视为"狼主"，把华为的团队看作"狼群"。虽然后来任正非多次强调，华为并没有正式提出过"狼性文化"，但不可否认的是，华为曾一度提倡员工要学习和发扬狼的特性。

1998 年，任正非在《华为的红旗到底能打多久》的文章中，比较详细地概括了"狼"的优点，明确了华为需要建立一支具有狼性的团队："企业就是要发展一批狼，狼有三大特性，一是敏锐的嗅觉，二是不屈不挠、奋不顾身的进攻精神，三是群体奋斗。企业要扩张，必须有这三要素。"

华为之所以一直被看成具有"狼性"的企业，一个重要原因在于，华为人特别擅长团队作战，总是有一股团结作战、同仇敌忾的气势，也因此在市场竞争中屡屡取胜。

在华为刚刚起步和成长的阶段，国内通信市场大多已被摩托罗拉、爱立信等西方企业垄断，华为只有依靠自己的"狼性"——强大的组织力和行为力，团结一致，上下一心，在左冲右突、不断进攻中获得一些市场边缘地带的份额。

虽然此时的华为还没有成为世界级的企业，但华为的"狼性"精神却淋漓尽致地体现在公司的内外部事务当中，为华为团队注入了强大的凝聚力。在华为，团结一致的文化意味着所有员工都以共同的目标为导向，共同努力实现企业的使命。不论来自哪个部门、哪个国家，华为的团队都积极合作，将自身的专业知识和技能融入全球战略之中。

以 1999 年华为进军俄罗斯市场为例。早在 1994 年时，任正非就瞄上了俄罗斯这块市场，希望能将华为的交换机打入俄罗斯市场。但此时的俄罗斯虽然经济状况不佳，架子和傲气却依然存在，对华为派过去的员工很不友好。俄罗斯人甚至根本不相信中国能研发出什么高科技的产品来。

尽管在与俄罗斯方的一次次"交锋"中败下阵来，甚至连续好几年在俄罗斯都"颗粒无收"，任正非和华为团队却一直没有放弃。在这几年中，华为换了四任分部总裁，一次次地坚守、攻击，终于突破性地在俄罗斯卖出了一根价值 38 美元的光纤，实现了零的突破。

随着俄罗斯客户与华为员工的交往越来越多，俄罗斯客户渐渐被华为员工的精神打动，华为员工哪怕没有订单也要苦守，坚决不肯放弃，双方慢慢建立起了信任的桥梁。终于，在新千年之际，俄罗斯大环境趋于稳定，经济逐渐回暖，华为团队此前努力埋下的种子开始慢慢发力。

2000 年，华为斩获乌拉尔电信交换机和莫斯科 MTS 移动网络两大项目。2003 年，华为又承接了建设俄罗斯 3797 公里超长距离 320G 的彼得堡到莫斯科国家光传输干线的订单，这一年，华为在俄罗斯终于实现了销售额过 3 亿美元的目标。

在拓展市场的过程中，华为团队也越来越认识到，必须要用"狼性"、韧性去攻克客户，才有可能实现从零到一的突破。这时，华为团队的"狼性"工作风格发挥了巨大的作用。

然而，随着华为的不断发展壮大，以及现代企业制度建设的推进、团队工作压力过大等因素影响，华为也越来越意识到"狼"的两面性，意识到"人性"才是企业最终要追求的目标。在人们的印象中，狼往往有着凶残、暴虐、缺乏人性的一面，但狼也有机敏、进取、团队合作等优点，这对企业、对人的激励作用才是更值得在团队当中提倡的。

因此，任正非在后来的讲话中便有意减少和淡化"狼性团队"的话题，而是更重视丰富的人性文化，强调华为人是兄弟姐妹一家人，应该互相仁爱、彼此善待。他还经常说：我们一定要关怀部下，这是我们的弟兄；现在的华为人不要忘记过去的华为人的贡献。华为也越来越重视员工的业余文化生活，甚至对竞争对手也不再那么"狼"了，而是开始强调共生共荣的合作关系。

从中可以看出，华为团队的工作方法已经发生改变，正在逐步实现从"狼性"到"人性"的转型，团队之间更加和睦共处。即使对外部对手，也由此前的单向竞争逐渐转向合作竞争，摒弃了以往那种敌对式的竞争、零和竞争的模式，取而代之的是与对方合作共赢的良性竞争。

这种转变也印证了华为的灰度工作哲学，体现了华为对灰度的正确把握，让华为更有人情味和包容性。正如任正非所说的那样："在变革中，任何黑的、白的观点都是容易鼓动人心的，而我们恰恰不需要黑的或白的，我们需要的是灰色的观点，在黑白之间寻求平衡。"

这就是任正非的灰度领导力艺术，也是华为团队在不断学习和践行的一种工作方法。在保留了机敏善战、群体协作的"狼性"精华的同时，华为团队更加注重仁爱关怀、合作共赢，团队也变得更加开放、包容，更有人文情怀。

灵活提升团队的工作效率

　　多年来，华为一直致力于建立开放与分享的企业文化，致力于打造一个开放的企业。在华为内部，任正非主张让每一个部门、每一位员工都结成利益共同体，彼此帮助、互相信任，共同提高团队的工作效率。

　　为什么华为人的工作效率很高？为什么同样的工作，华为人可以做得更出色？为什么华为的工作质量处于行业内最高水平？原因并不在于华为引入了多少高学历的人才，也不在于华为拥有多少经验丰富的能人，而在于华为出色的企业文化与工作哲学。

　　华为一直都推行精益求精的生产研发模式，以确保员工工作效率与产品质量的提升。比如，2006年，华为特聘日本新技术公司作为精益推行的合作伙伴。此后，华为还专门成立了生态系统项目组，研究精益生产理论和丰田生产系统，并根据实际情况设计规划了华为公司精益制造的总体架构。

与此同时，华为也一直鼓励员工养成精益求精的习惯和工作态度，敢于在工作中质疑现状，学会主动发现问题，发现问题后也不要逃避，而是积极想办法寻求解决方案。华为内部还有一个不成文的规定，就是在解决一些重要问题时，对应的项目团队必须提出至少7种解决方案，然后再对每一种方案进行分析和测评，以便找到最正确、最合理的方法。

正因为拥有这套出色的精益制造体系，再加上员工精益求精的工作态度，才造就了华为人的强势与优秀。在华为人看来，只要工作还有改进和提升的空间，他们就不会放弃继续摸索的机会。从某种程度上来说，华为的成功就是因为华为人一直在不断追寻更大的成功，华为的进步也是因为华为人持续不断地进步，员工对工作的每一次改良和提升，都在推动华为的发展。

2018年底，华为"网络金码奖"盛典如期举行。在华为的平台研发团队中，有3名员工获得了该奖项的最高荣誉大奖。

这一年，华为新立项开发5G微波等产品，这让平台研发团队的工作量也随之成倍增长。这时，如果还沿用以前的老旧代码架构，员工的工作压力就会更大。为此，平台 LM（Line Manager，资源线主管）刘文杰和团队成员商讨后，决定顶着来自各兄弟团队的压力，用全新的理念重写架构。

后来，刘文杰在描述这一工作过程的难度时，用了这样一个比喻："这就好像汽车一边高速行驶，一边'换轮胎'一样，难度可想而知。"

修改代码架构的过程也充满了各种困难和不认可，团队成员的状态开始出现波动。在这种情况下，刘文杰积极鼓励大家："为了让大家以后更方便、高效地工作，重写架构就是当务之急。"渐渐地，大家的状态也都调整了过来，不再有人抱怨，也不再有人退缩，团队成员都齐心协力为着共同的目标努力。

整个代码重构过程完成后，刘文杰团队将过去十年积累的279 万行代码优化为 90 万行，团队工作效率由此大幅提升。而他们交付的代码即使是按华为英国安全认证中心的标准，也在多个维度有所领先。

在华为团队内部，大家会努力达成共识，一起追求工作中的精益求精。为了提升工作效率，华为建立了非常完善的共享机制，如资源共享、信息共享、人员共享等，任何一个部门或员工有需求，其他部门或员工都会在第一时间给予足够的支持。

比如，当华为的一个部门提出客户接待需求时，就可以通过电子邮件向公司提出相关的申请。这时，公司内部的其他部门会在第一时间自觉为该部门提供各种必要的帮助，配合他们做好客户接待的工作。

这种方式大大提升了团队的工作效率，同时也体现了华为的工作精神和团队意识。

当然，在任何一个企业内部，再好的团队氛围和环境也会有员工感到不满和抱怨；任何一个部门管理者，无论多么优秀，也不可能阻止员工产生一些负面情绪。这是很正常的现象，华为也不可避免。

不过，华为内部对此有自己的处理方法。通常来说，当部门管理者发现员工有情绪或遇到问题时，不会极端地按照自己的想法进行处理，而是会叫上相关人员到其办公室开小会讨论。有时候，部门管理者会准备一块白板，大家在现场一边讨论，一边把问题和意见写在白板上。大家畅所欲言，通过头脑风暴的方式发表自己的看法和建议，最终找到员工有情绪的原因或问题的根源，再寻求解决方法。这种方法可以有效帮助员工化解情绪、解决问题，大大提高团队的工作效率。

总之，任正非的灰度思维时刻体现在华为团队的工作氛围当中，帮助团队成员在工作当中互相配合、优势互补，从而让团队中的每个成员都少走弯路。这样的团队不但工作效率极高，团队成员也很舒心，从而为公司创造更大的价值。

团结一切可以团结的人

华为在团队建设方面，有一个最大的特点，那就是承认自然领袖。不论你是干部还是普通员工，你团结的人越多、帮助的人越多，大家就越拥护你；而拥护你的人越多，你就可以成为自然领袖。当你是三个人的领袖时，你就是销售经理；当你是三十个人的领袖时，你就是片区经理；你如果能团结更多的人，你就能做更大的经理。

这种工作风格体现出来的也是一种灰度思维。因为每个人都不可能是绝对好或绝对坏、绝对有能力或绝对没能力、一定会成为领袖或一定只能当员工的，每个人都具备其他人不具备的独特优势，也有可能团结到其他人团结不到的人。在这种情况下，企业就更应该有包容性，努力去团结每一个可以团结的人，给每个人同样的机会，让每个人都可以最大限度地发挥自己的能力，为企业创造价值。

从 1995 年开始，任正非就在多种场合强调华为要团结一切可以团结的力量。在《华为基本法》中，对高层管理者也提出了一个很重要的素质要求，就是倾听不同的意见，团结一切可以团结的人。任正非还多次强调：我们唯一的武器就是团结，唯一的战术是开放。

在这种管理思维的影响下，华为也成了"大家的华为"，形成了团结的工作氛围与机制。而任正非就是要培养华为人的这种集体意识，走集体奋斗之路。他还指出，就算是那些曾经反对过你，而且是反对错了的人，也同样应该团结。大家本是同根生，都是背井离乡的人，应该以博大的胸怀处理工作中的各种关系。

要团结一切可以团结的力量，首先要从团结自己身边的人做起。华为不仅号召公司内部员工之间要团结，甚至支持公司内部的"小集团"活动，只要不是对付自己人，团结得越紧密越好。同时，也应该保持与其他部门、其他系统的良好协调关系。而华为的常务董事也会经常对员工群体的状态与需求进行讨论分析，寻找在公司领导观念、管理作风、工作氛围，以及任用、授权、激励等政策方面存在的问题。比如，某些问题是否导致部分在职员工没有得到充分激发，或者导致一些本可以为公司继续创造价值的员工选择离职，等等，然后积极寻求解决方案。

这些工作方法都印证了任正非在 2019 年《团结一切可以团结的力量》讲话中所强调的那样："要勇于去团结不同意见的人，应该把所有的干部、员工看成实现自己或组织目标的战友和伙伴。要善待员工，善待干部，建立起'士为知己者死'的团结奋战群体，充分发挥员工、干部在主航道上的主观能动性与创造精神。"

与此同时，华为还强调"英雄不问出处"，除了团结现有员工，还要积极吸收国内的新生力量，甚至要向国际化靠拢，吸引国际一流的人才来华为工作。这也是华为走向成功的有效保证。

2017 年，华为对公司愿景做出了调整。新的愿景是："把数字世界带入每个人、每个家庭、每个组织，构建万物互联的智能世界。"那些认同华为价值观与文化的员工都深信，他们的工作将会为改变世界贡献一份力量。

虽然华为的企业价值观得到了大部分员工的认可与拥护，但是在推广企业价值观时，华为仍然遭遇到了挑战，那就是如何团结"90 后"员工、外籍员工和海归员工，他们关系到华为未来的主力军与海外发展的问题。

如今，华为员工中的"90后"已经超过40%，不久以后，他们就会成为华为的主力军。如何管理这部分追求个性的年轻员工，让他们也可以顺利地接受华为的企业价值观呢？最终，华为指出，公司不会强迫这些"90后"员工必须接受现在的企业价值观，而是在尊重他们的个性的基础上，用合适的方式激发他们的集体奋斗精神。

除了积极团结这些"90后"员工，引导他们慢慢认同企业的价值，华为还考虑到了外籍员工或海归员工对企业价值观的认同问题。在这一点上，华为同样坚持"团结一切可以团结的人"的观点，号召大家要有包容的思想，不管对方来自哪里，只要是"真英雄"，都应该团结。

任正非在2017年《在战略预备队述职会上的讲话》中指出，华为"一方面要把我们的员工训练成'将军'，另一方面要将外面的'将军'引入我们公司当将军，两者相结合"。

为此，华为基于中国传统文化而建立的企业文化与价值观，也积极实现全球化与本土化的结合，主要目的就是要吸引尽可能多的国内外优秀人才加入华为，为华为未来的发展助力。

以上都是华为灰度工作哲学的重要体现。虽然我们常说"铁打的营盘，流水的兵"，但华为始终秉持开放的心胸和包容的态度团结这些"兵"。华为深知"独木不成林""众人拾柴火焰高"的道理，只有群策群力，把大家都拧成一股绳，才会有企业的蓬勃发展。而华为为了更好地让这些"兵"在企业中发挥自己的作用和价值，也一直积极调整自己的"营盘"，以便与这些"兵"更好地融合，激发他们的集体奋斗精神，带领华为走向更精彩的未来。

团队要保持开放和分享的姿态

在华为的研发体系中，有一个群策群力的会议，类似于互联网公司的共创会。这个会议不是对管理者制定的政策进行投票的，而是通过分享知识和经验，运用集体的智慧，共同来解决问题。它为团队成员提供了一个在轻松环境下交流观点的平台，大家在这里可以畅所欲言，讨论、沟通平时不能也不好讨论、沟通的问题，比如，工作中哪些方法很好，而且能落实到位，需要坚持；哪些方法很好，但落实不到位，需要想办法落实；哪些方法不好落实，也无法落实到位，需要变革。

这个会议一般还会邀请10~30名员工参加，会议时间在3小时左右。通过这种开放的形式分享工作方法，不但可以加速其中每一位成员的成长，还能大幅提升组织的创造力。

在中国的绝大多数企业中，由于构建科学的管理体系起步较晚，加上协同文化不强，所以企业内部很难形成真正的组织化，最多只是一些权责明确但相互独立的事业部。这些主体之间的联系并不紧密，经常处于相互竞争或者互不干涉的状态。而企业当中个体身上所具备的独立属性，通常要比团队性更强，个体喜欢各自为战，缺乏统一的管理，团队内部并不团结。

华为也曾有过这样的经历，但及时做出了调整和改变。早在2008 年时，华为俄罗斯核心网解决方案团队成立。初期，由于团队人手短缺和经验不足，好几个项目惨遭失败。接着，又遭受金融危机影响，团队迎来了一个苦涩的冬天。

为提升士气，增强团队凝聚力，他们将西点军校的行为准则"No Excuse"作为团队的行为准则，成员之间相互分享自己的观点和方法。这时，有成员反映说，与客户网络沟通的邮件、工作涉及的相关网站等，全都是俄文，很难理解。一位成员便立刻分享了用 Google Translate 来阅读俄文的方法，俄罗斯员工也学着用 Google Translate 来阅读中文。如此一来，团队的信息沟通效率便大大提升了。

除此之外，他们还利用晚上的时间创办了一个"核心网技术论坛"，团队所有人聚集在此，互通信息，交流经验。这种交流和分享方式也让他们输出了很多不错的想法和观点，甚至在华为公司内部也产生了一定的影响力。

通过这件事，华为也逐渐认识到，应该积极倡导工作团队的内部团结与合作，积极分享信息与经验，为团队统一的目标共同努力。

华为内部的培训教材中曾提到大雁的合作精神。大雁每年都会飞往南方过冬，在飞行时，经常呈现出"人"字形的飞行模式。科学家研究发现，当大雁以这样的模式飞行时，每只领头雁扇动翅膀都会给紧随其后的大雁创造一股向上的升力，从而帮助后面的大雁减轻飞行负担。以此类推，每一只大雁都可以从中受益。而当头雁感到疲倦时，后面立刻就会有一只健壮的大雁飞上前，替代疲倦的头雁，使整个雁群继续保持"人"字形的飞行状态。通过这样的合作，整个雁群就能减少至少一半的体力消耗，从而确保它们可以飞出更远的距离。

华为受此启发，也建立起了矩阵管理系统和矩阵式组织结构，将内部不同部门、不同职位、不同人员紧密联系起来，并要求各个部门之间相互配合，将事业分工与专业职能分工有机地结合起来，让整个企业内部形成统一的合作型团队。

同时，华为也号召团队中的每一位员工都保持开放与分享的姿态，在工作中获得经验教训时，积极与团队其他成员分享，实现共同进步。这不仅能让团队其他成员学习到知识、感受到快乐，也能将自己总结的经验转化为团队和组织可以复制和传承下来的知识资产，从而获得成就感。

正因为这种工作模式，让华为在业内以"打群架"的能力出众而著称。管理者也很善于激发团队成员的工作积极性，用各种有效的方式赋能团队，将团队智慧固化为具体的方式与方法，促使团队力量获得最大限度的发挥。

2003 年，在圣诞节期间，华为拿下了阿联酋 Etisalat（阿联酋最大的综合电信运营商）与中国香港 Sunday 的 3G 商用网络合同。但是，当需要华为交付商用的时候，华为的 GTS（全球技术服务）规划优化六级专家谢智斌却发现，华为缺乏一套系统的资料用来指导 UMTS（通用移动通信系统）网规网优的交付。于是，谢智斌和团队成员在交付香港 Sunday 项目的同时，将交付流程遇到的问题系统地整理成一本指导说明，并在项目上进行验证和优化，从而形成了 UMTS 首版网规网优指导说明，为后续的批量交付奠定了初步基础。

2011 年 6 月，谢智斌在 3MS（营销资料集成系统）社区创建了无线网络规划与优化技术团队，与全球的华为工作者分享相关的技术和经验。同时，他还建立了三个技术交流群，实时地帮助解决网规网优工程师关于技术、工具、资料、流程等方面的问题。

在谢智斌看来，一个人的经验只有转化为团队和组织的资产，才能帮助更多的团队成员提升能力，从而为客户提供更好的服务，为企业创造更多的价值。

在华为内部，这样的事情非常多，大家也越来越意识到在团队内部保持开放和分享是非常重要的事情。尤其在一些无法形成流程化、需要具体问题具体分析的岗位上，更需要个人的经验和以往数据的辅助。一个人在工作中积累的经验，哪怕是失败的教训，也可以成为企业和团队的重要财富。这种带有灰度思维的工作哲学，不仅让华为团队所有成员都获得了成长，还增强了团队成员之间的了解，提升了整个团队的凝聚力。

延伸阅读 ▶▶ **华为对员工的基本素质要求**

华为认为员工应该具备的七种基本素质：成就导向、适应能力、主动性、人际理解、关系建立、服务精神和收集信息。

1. 成就导向

成就导向就是对成功有着强烈的向往。销售工作困难重重，营销人员容易受挫，业绩得来不易。从新手到专家，需要学习和成长的方面还真不少。这就需要营销人员具有强大的抗压能力，而对成功的渴望就是抗压能力的最主要来源。

拥有成就导向的人会把事业成功作为自己的终生奋斗目标，不断追求更快、更好、更新、更出众，为此百折不挠、坚持不懈。他们懂得怎样正确地调节自我，弥补自身短板，为自己的点滴成功喝彩，从而充分挖掘自己的潜能，变得越来越强大。

2. 适应能力

销售环境是千变万化的，没有哪个营销高手能用一种办法占领所有的市场，以及赢得所有的客户。在面对新市场、新客户、新产品、新政策时，盲目照搬过去的成功经验，结果往往会劳而无功。所以一名营销高手必须具备出色的适应能力。

适应能力就是能对环境的变化做出正确的反应，面对失败和挫折时能保持积极心态，坚决采取行动并战胜困难。只有适应能力足够强大，你才能对市场、地域、人群、文化等环境的变化应对自如。

无论你在何时何地，销售的是什么产品，面对性格、爱好和价值观各不相同的客户，都应该处变不惊，临危不惧，冷静分析，周密部署，灵活应对各种具体情况。面对充满不确定性的市场环境，最好的办法就是小步快跑，快速试错。也许你竭尽所能最终还是功败垂成，但要学会以平和的心态接受现实，做到"得意不忘形，失意不失态"。拥有这种适应能力的人才能无往不利，战无不胜。

3. 主动性

所谓主动性，就是以前瞻性的眼光发现问题、排除障碍、捕捉机会，就是不被动等待指示，发扬自主作战精神。

市场瞬息万变，商机稍纵即逝。营销人员如果缺乏主动性，对市场变化没有前瞻性，那么错失良机将成为一种常态。缺乏主动性的员工，很难取得令人认可的成就。缺乏主动性的团队，无异于一盘散沙。

主动性能帮助你实现个人成长，从而领先你的竞争对手一步。如果团队成员个个具有主动性，就能让团队氛围充满阳光、团队成员斗志昂扬，成为在市场中摧城拔寨的"铁军"。主动突破困境，让困境渐成佳境。华为历来有两个战略："固土深耕"与"开疆拓土"。

固土深耕就是强化原有市场的领先优势。这就要求营销人员不能躺在功劳簿上睡大觉，而是要持续深耕市场，挖掘新的客户需求，不断研发新产品，提供新服务。如果没有足够的主动性，深耕就会流于形式，沦为浅耕。

开疆拓土就是开辟新市场，开拓新客户，开发新产品，扩张公司产品的市场覆盖面及提升占有率。这种积极进取的战略，更加需要营销人员深刻领会公司的会议精神和文件，了解上级的明确需求，了解兄弟部门的做法，以主动性和前瞻性去开创新局面。

4. 人际理解

人际交往的基础是相互理解。要想处理好跟同事、领导、客户、家人的关系，人际理解是一堂必修课。通过交往来理解他人遇到的问题，理解其言行举止背后的所思所想，就可以成为对方的知心人。当对方向你敞开心扉，跟你建立了互相信任的关系时，你就能顺利、圆满地完成工作任务了。

人际理解这项能力素质很难修炼，因为人心难测，悲欢未必相通。他人真正的愿望，往往不会表达或者只有部分表达出来。而且他们所说所做，背后很可能隐藏着复杂的动机。人际理解要求我们重视倾听与体谅，力求理解他人的情绪、情感、想法和动机。为此，我们需要详细了解对方的背景、经历、习惯和价值观，由此对对方产生比较全面、深入、客观的了解。

提升人际理解能力非一朝一夕之功。我们既要保持一颗同理心，又要不断学习，丰富知识和阅历，把自己锻炼成一个善解人意、令人乐于结交的人。

5. 关系建立

推销大师汤姆·霍普金斯说过："销售就是不断地去找更多的人，以及销售产品给你找的人。"对于营销人员来说，关系建立是迈向成功的基石。

任正非说过："要是只有一把丝线，是不能把鱼给抓住的，一定要将这丝线结成网，这种网有一个个的网点。人生就是通过不断地总结，形成一个一个的网点，进而结成一张大网。"

这个结网原理同样适用于人际关系的建立，特别是对客户关系管理有很强的指导意义。营销人员需要在社交中建立一个点，形成一条线，最后织成一张市场关系网。因为市场关系网中的每个人背后代表的是某种资源，整个网络能帮你整合各种所需的资源。

关系建立需要营销人员具有与人建立或保持友好、互利、良好关系的强烈愿望，愿意与他人交往，乐于与他人沟通。良好的客户关系是"买卖也成，仁义也在"，彼此交往与互动是互惠互利的，是友好而融洽的。要以诚信为根基，以客户为中心，每做成一笔交易就赢得一次美誉，让这张市场关系网闪耀着情义之光。

6. 服务精神

技术领先的产品是华为安身立命之本，无微不至的服务是华为克敌制胜的法宝。在"互联网+"时代，做好服务，你就是客户信赖的朋友；服务不到位，你就是被对手淘汰的对象。我们要跟客户的需求赛跑，用领先的服务创造感动，而不能让滞后的服务招致抱怨。

服务精神不只体现在售后服务环节，而应该贯穿于售前、售中和售后三个环节。好的售后服务是上一轮销售的结尾，也是新一轮销售的开端。

营销新手容易犯一种错误——用自己以为最好的方式去对待客户，而不是用客户喜闻乐见的方式对待客户。也许你自以为在为客户节省时间，替客户争取实惠，实际上反而使客户感受到压力和胁迫，对你产生排斥心理。

如果你在交流中总是只从自身利益出发，那么最终得到的将是客户的猜忌与戒备。虽然主动权在你，但话语权在客户。沟通应该是耐心引导，而不是咄咄逼人。所以，要想做好服务，我们必须学会站在客户的角度思考。

把服务精神发挥到极致的人，比客户更能理解需求的真谛，能够引领客户察觉他们自己忽略的潜在需求。只要把客户感动了，市场就被你撼动了。

7. 收集信息

任正非说过："数据和信息是我们独一无二的资源。IT系统可以被复制，流程和组织可以被模仿，员工也可以跳槽，唯有信息和数据既不会被复制，又不会被模仿，如果能充分利用信息和数据资源创新产品，为客户提供差异化的服务，我们就能创造出区别于竞争对手的核心竞争力。"

在"互联网＋"时代，没有信息的支援就如"盲人骑瞎马，夜半临深池"。勤于收集信息也是成为营销高手必不可少的一项基本素养。我们要培养自己对信息的灵敏嗅觉，使用各种方法去挖掘和梳理信息，再通过缜密的情报分析来把握市场机遇。

信息收集和分析整理是营销人员必备的素质。这是一个信息爆炸的时代，有效信息和无效信息往往混杂在一起。是否具有甄别有效信息的能力决定了你能否得出正确的结论。只有结论正确了，制定的策略才会有效，才不至于浪费市场资源。

第三章

客户服务：
一切以客户为中心

在华为看来，让客户满意是一个企业生存的基础。任正非曾说："华为命中注定是为客户而存在的。除了客户，华为没有任何存在的理由。"为此，华为创立了以客户为中心的企业文化，让企业的一切业务和管理都紧紧围绕客户这一中心进行运转。

华为永远不会忘记客户需求

有人曾经问任正非："华为的商道是什么？"任正非回答说："我们哪里有什么商道，就是为客户服务而已。"华为的"干部八条"中的第一条明确规定，绝不搞迎来送往，不给上级送礼，不当面赞扬上级，要把更多的精力用在客户服务上。

在华为看来，除了为客户提供优质的服务，其他一切都是次要的。回顾30多年的成长历程，华为至今都深深感谢那些能够宽容华为的不足，接受华为的缺陷，帮助华为从一个"幼儿"成长到今天的客户。吃水不忘挖井人，华为永远都不会忘记客户需求是华为的发展之魂。没有客户的支持、信任和给予华为的压力，华为也不可能发展得这么快；没有不断地满足客户需求，华为也不可能发展到今天的规模。

因此，以客户为中心的核心价值观是华为永远不会动摇的旗帜。在华为看来，为客户服务的含义之一，就是要为客户提供优质的产品和服务。如果公司提供的产品、服务不能满足客户需求，那么华为也就没有了存在的价值。

华为已经建立起以客户为中心、以生存为底线的管理体系。在这个管理体系运作的过程中，企业之魂就不再是企业家本身，而是客户。只要客户在，华为的魂就不灭，这时华为由谁领导都一样。如果华为将自己寄托在一个人的管理上，那才是非常危险、非常脆弱的。所以，华为时刻都要思考客户需要什么、公司应提供什么样的产品和服务给客户、如何才能使客户的利益最大化等问题。华为坚信，需求是永远存在的，只要华为围着客户转，企业的生命力就会像长江水一样奔流不息。华为只要做到自我循环与运作，就能实现无为而治。

在任正非的灰度管理理念中，公司的一切也都要以市场和客户为中心，眼睛要对着客户，屁股要对着领导，并以客户为中心区打通内部组织与流程。只有这样，公司才能真正打破本位主义、山头主义，公司也才能真正面对市场，与市场形成一体化的协同，从而提升公司面对市场、面对客户的整体系统技能，提升公司整体的组织能力。

除此之外，华为还强调中后台要实现一体化，强调要提升总部资源集中配置能力与专业赋能能力，以及下沉到一线的集成综合作战能力。可以说，面对客户，任正非的灰度管理理念强调的不是一个公司的单向能力，而是整体的集成综合能力：整个公司应该保持一体化的状态去面对市场与客户，为客户提供一体化的解决方案，从而提升客户的综合价值体验。

实际上，在成立之初，华为的产品不是最好的。为了弥补这点不足，吸引更多客户选择华为的产品和服务，华为便在服务上下功夫。比如，华为早期的设备经常出问题，华为的技术人员就利用晚上客户不使用设备的时间上门维修设备，并对客户提出的问题24小时随时响应。再比如，华为早期的客户有很多生活在农村甚至是沙漠地带，那里老鼠很多，经常咬断电线，导致客户网络连接中断。其他服务商认为这是客户自己的问题，与他们无关，他们只负责提供技术，因此不愿上门维修。而华为却不这样想，为了帮助客户解决问题，他们在设备外面装上防鼠网，由此赢得了客户的好感。

华为在开发智能手机时，也主张以客户实际体验为设计标准，而不是盲目追求技术的先进。比如，考虑到上班族在上下班路上可能会戴耳机听歌，为了掩盖周边环境的噪声，使用者很容易将音量调大，结果导致听力受损。针对这一问题，华为为手机配备了降低噪声的耳机，并在降低噪声的同时，最大可能地保证了音质。这些细节给客户带来了极大的便利与更加舒适的体验，一经推出便受到客户欢迎。

在华为看来，客户关系管理就是一种投资，不仅是真金白银的商业投入，还有客户沟通、客户体验的维护与情感的投入。因此，华为除了给客户提供更好的产品和服务，积极增加客户黏性，还愿意在细节问题上增加客户的良好体验，让客户觉得自己的需求可以被华为看见、重视和理解。华为在研发过程中，也要求员工必须注意把握每一个产品细节，发挥工匠精神，尽可能地为客户提供设计与性能完善的产品。

华为甚至要求研发人员也多跟客户交流，而不是关起门来搞研发。2002 年，任正非在《静水潜流，围绕客户需求持续进行优化和改进》的讲话中，特别向研发人员提出："我们要向市场人员学习，他们一直在与人交流，他们不光关心自己，也关心别人，所以相互交流还是很重要的。研发人员也要建立自己的人际关系……有一句话说：一个好汉三个帮。研发人员要进步，就要主动，要改变方法，要与市场人员多交朋友，但不能期望他们主动。他们的眼睛是盯着客户，我们也要盯着客户，盯着市场。我们要主动出击，要去调查研究。"

经过 30 多年的发展，以客户为中心这一点在华为从未改变。在华为看来，以客户为中心与以奋斗者为本也是对立统一的，它们共同作用，使企业发展平衡，其中难以掌握的灰度与妥协，也时刻在考验着华为的管理者，使华为的每一位成员都朝着这个方向努力。

让听得见炮声的人做决策

早在 2000 年时，华为已在全球多个国家和地区建立了武装到牙齿的"铁血团队"，这也是华为的战略预备部队。同年，华为在深圳五洲宾馆为"出征将士"举行了一次隆重的送别大会，将这支部队派向全球市场，让那些"二等士兵"到战争中去经受洗礼，迅速成长为独当一面的"大将军"。华为认为，不能上战场的将军不是好将军。而且，如果一个将军不能打仗，华为也会让他下台。只有随时有下台危机的将军，才能在台上站得更久。

在华为，任正非一直强调，要"让听得见炮声的人做决策"，这也成为华为重要的工作方法之一。2007 年，任正非在英国代表处讲话时提到："为了更好地服务客户，我们把'指挥所'建到听得到炮声的地方，把计划预算核算权力、销售决策权力授予一线，让听得见炮声的人来做决策。打不打仗，客户决定；怎么打仗，前方说了算。"

2009 年 1 月，任正非在华为销服体系奋斗颁奖大会上发表《让听得见炮声的人做决策》，结合华为当时的组织变革背景，敲定了"谁来呼唤炮火"，并定义了"什么是炮火"。从此以后，"让听得见炮声的人做决策"便流行开来。

实际上，所谓的"炮声"，指的就是来自市场一线的客户需求，以及竞争对手的情报与资源、市场环境等。它的核心理念是让团队或组织中的一线员工和基层管理者成为决策者，根据市场变化和客户需求及时做出调整。

而所谓的"炮火"，指的是公司的各类资源，包括团队人员、支撑人员、成本、物流、设备等。这些资源是为了"让听得见炮声的人有权呼唤炮火，在资源有限的情况下，优先、科学、快速地发射炮火，以获得最大利益"。

简而言之，能听见炮声的人既包括市场一线团队，也包括公司的支撑服务团队。只有公司内部听到的炮声是一致的，大家才能做到理解一致，才能保证呼唤的准确性和支持的及时性。

关于"听得见炮声"，在华为内部还有一个小故事。曾经有一次，华为的一个 13 级的一线小员工，因为需要项目资源，在深夜给一个他完全不认识的 21 级干部打电话，而对方也接了这个电话。这就是"呼唤炮火"的真实案例。

在华为，13 级员工其实是公司知识型员工的起点。一名应届毕业生通过校招进入华为，工作满 1 年后，职级可默认调到 13 级；而 21 级干部则相当于在华为工作至少 15 年以上，且为华为做出过卓越贡献的人。

是谁赋予一个 13 级的小员工在深更半夜"越级打扰"一名 21 级的干部的权利？

是组织。

任正非曾说："我也不知道一线需要多少资源合适，只能让听得见炮声的人呼唤炮火。因为他们距离客户最近，大家先听他的，选择先相信他，我们事后复盘时如果发现浪费弹药了，那就再'秋后算账'，总结经验就好。"

除此之外，华为还将二线人员称为"机关人员"。任正非觉得，华为"家里没有矿"，所有的价值都是客户创造的，必须给予一线足够的权力，二线只能是服务一线的"机关"，二线员工不能高高在上，更不能对一线员工指手画脚。

这样的案例在华为数不胜数，华为不但十分重视一线人员提供的客户信息，还积极增加能"听得见炮声"的一线团队的编制，保证更多的信息与情报都来源于市场、来源于客户，保证一线人员可以及时、准确地反馈市场内部的任何变化，而不只是靠组织内部逻辑推演。

2016 年 10 月，任正非再次将 2000 多名华为高级干部和专家派往非洲、中东等艰苦的国家和地区，让他们重新回到一线工作，目的也是让他们听见更多的"炮声"，经历更多的战斗，了解在激烈的市场竞争中客户的需求、竞争对手的情报与资源、市场环境等。与此同时，华为也积极培养更多能够听懂"炮声"的人，这些人并不是简单地执行指令的普通员工，而是具有一定组织协调能力、可以与客户沟通、具有敏锐洞察力的优秀员工。

如果我们总结一下，就会发现，华为所谓能够听到"炮声"和呼唤"炮火"的人具有以下特征：具有培养、锻炼队员和合理组织工作的能力，具有与客户进行良好沟通的能力，能够将客户需求转化为产品组合的能力，能够敏锐地感受和觉察市场变化的能力，敢于向错误指令提出个人建议的能力，等等。显而易见，具有这些能力的人才都需要从一线中来，需要从与客户密切接触的岗位上来。华为想要了解更多客户信息，更好地为客户服务，也必须让更多的员工前往一线历练，这样既可以发现和帮助更多员工成长，又能更加全面地获取客户信息，为客户提供全方位的服务。

在任正非看来，华为想要构建一个高效的体系，更好地为客户服务，就必须打破固有体系的束缚，强调适度地开放与妥协，在"黑白"之间寻求平衡，这样才能不断优化工作效率，保证体系高效、及时、准确地运行，同时也能激发一线活力，为其他部门的工作提供最及时、准确的信息，帮助公司及时获悉客户需求，并在此基础上制定战略，以期为客户提供更让人满意的产品与服务。

脑袋对着客户，屁股对着领导

华为员工在工作过程中，始终坚持一个鲜明的价值主张，就是为客户服务。在华为员工看来，只有自己不断奋斗，不断为公司和客户服务，才能找到属于自己的机会。正如任正非经常强调的那样："有一天，我们不用服务了，就是要关门、破产了。因此，服务需贯穿于我们公司及个人生命的始终。"

为客户服务，就要时刻警惕以自我为中心。随着企业的发展壮大，任正非意识到，很多员工在跟客户打交道时，可能会产生自我膨胀心理，影响与客户之间的关系。其实，很多企业都容易出现这样的问题：员工以上级为导向，习惯看上级脸色行事。在做决策时，也不再考虑客户的需求和利益，而是喜欢看上级的态度，认为这样就能减少自己的责任，还能赢得上级的好感。

这是企业运营过程中的大问题，为此，任正非曾在华为内部直截了当地下命令："你们要用脑袋对着客户，屁股对着领导。不要为了迎合领导，从上到下地忙着做胶片……关注领导已经超过关注客户。不要认为领导喜欢你，你就可以升官了。这样下去，我们的战斗力是要削弱的。"

"脑袋对着客户，屁股对着领导。"这句话在华为内部反复被提及。在华为看来，公司出现山头主义、腐败现象等，就是因为员工花太多精力去讨好领导，而不是将精力用于讨好客户。在华为的工作哲学中，是严格反对员工关注领导超过关注客户的，其选拔干部的标准也不是看某位员工是不是得到领导赏识，而是看他对公司、对客户的贡献有多少。那些喜欢溜须拍马、没有实际贡献的人，即使哄好了领导，也逃不过被淘汰的命运。员工的能力应该体现在将客户服务好、为企业创造价值上，而不是体现在哄领导高兴上。

对此，任正非甚至这样跟员工说："你们以后最重要的不是看我的脸色，不要看我喜欢谁、骂谁，你们的眼睛要盯着客户。客户认同你，你回来生气了，也可以到我办公室来踢我两脚。你要是每天都看着我，不看着客户，哪怕你把我捧得很舒服，我还是要把你踢出去，因为你是从公司吸取利益，而不是在做贡献。"

华为轮值 CEO 郭平也曾经说："华为是商业公司，要追求商业性的成功，持续地给我们带来订单的客户是华为的生存之本。只有为客户服务，才能创造价值。这句话说起来非常容易，但当出现矛盾的时候，你是盯着领导还是盯着客户呢？希望大家通过自己的行动真正地为客户创造价值，让客户体会到华为的产品与服务的与众不同。"

为了防止华为出现内部腐败、山头主义等问题，华为还致力于建设以服务为导向的"端到端流程"，将所有的环节都尽可能地摆到明面上，任谁都不敢暗中操作。从整体上来说，这种"端到端流程"的作用有三个：一是能正确、及时地向客户交付，二是能让华为赚到钱，三是能让华为内部没有腐败。

那么，什么是"端到端流程"呢？

任正非对此的解释是："'端到端流程'是指从客户需求端出发，到满足客户需求端去，提供端到端的服务，端到端的输入端是市场，输出端也是市场。只要所有组织及工作的方向都是朝向客户需求的，它就永远不会迷航。"

早在 1998 年，IBM 对华为管理现状进行诊断时就提出：华为没有跨部门的结构化流程，各部门的流程不同，部门墙、各自为政的现象严重。为此，华为坚持几年进行内部管理变革，最终建立了华为的集成产品开发流程、集成供应链流程等，不但打通了端到端的流程，摆脱了对人力的依赖，还实现了高效流程化运作，提高了向客户交付的质量，也提高了客户满意度。

2015 年时，巴西宏观经济形势较差，客户投资预算收紧，华为在当地的项目规模和盈利都受到了不同程度的影响。针对这种境况，华为派出一名项目经理接手了巴西某子网系统部项目，以解决项目规模、效率和运营等方面的问题。

该项目经理接手项目后，立刻采取如下措施：细化从制订客户计划到签订合同的全流程；加强对各办事处子项目的标准化流程管理；要求执行人员按流程操作，打通全流程，以便快速获取订单与完成交付。

最终证明，这些措施大大缩短了项目运营周期，同时也提升了客户满意度，甚至还创造了多个交付记录。

企业要生存，就要聚焦客户，用心服务客户。在华为，"以客户为中心"并不仅仅是华为人的一句工作口号，而是实实在在的工作准绳。华为之所以能够在激烈的市场竞争、变幻莫测的通信行业中占据一席之地，正是因为他们始终都坚持"眼睛盯着客户"，尽自己最大的努力为客户做好服务，将客户追求的价值视为自己追求的价值。

在客户面前要保持谦虚

企业在服务客户时，如果没有做到位，很可能会引发客户的负面情绪。面对客户的不满，企业应该有一颗宽容之心。很多企业甚至会告诫自己的员工：客户永远都是对的。承担后果的只能是企业自己，因为企业的职责就是为客户解决问题，即使客户有错，最后收拾局面的还是企业。

同其他企业一样，华为也经常遇到客户不满意的情况，但华为始终坚持用宽容之心对待客户的指责。

因此，华为不论是处在过去的成长阶段，还是现在的高速发展阶段，从高层领导到各级干部，再到普通员工，对客户都始终保持谦虚的态度，就像任正非对华为人一直强调的那样，要有大爱之心，"无论客户是对还是错，让客户满意才是最重要的"。

2008年时，华为向摩洛哥代表处派出一名新的项目经理，负责一个运营商客户。最初，摩洛哥方的客户对华为的这个项目组并不信任，但经过与客户多次沟通，项目组还是慢慢取得了客户的信任。

然而，问题还是不可避免地出现了。2012年，华为项目组的这位项目经理在与客户新任CTO（首席技术官）的第一次会议中，就被这位CTO直接叫停了。原来，客户对于项目组给出的方案十分不满，甚至将材料直接摔在桌上，还说了一些不尊重人的话语。

事情发生后，项目组所有成员开始反思，并提出一定要让客户满意，帮助客户达到商业成功的目标。项目经理还召集MS（市场营销）团队与工程团队，一起商议出一套新的流程提交给客户，这套流程重新获得了客户的认可。接下来，项目组便进行现网"排雷"，第一时间帮助客户解决网络隐患点。

3个月后，华为的站点服务质量大幅提升，客户新任CTO也首次肯定了华为的服务，并希望华为项目组继续帮助他们提升网络质量。最终，华为项目组优异的表现获得了客户的认可。在客户方高层的支持下，华为在经过7轮投标之后，再次获得了一个更大的项目。

　　企业与客户合作的过程中，有很多项目的时间跨度很长。在项目执行期间，也容易出现各种各样的问题，有时客户提出新的要求，原来的方案甚至要完全推翻，企业不得不重新开展工作。遇到这种情况，企业员工不能情绪化，而应该耐心聆听客户的心声，与客户商议新的解决方案。有些时候，客户反馈的不一定就是对的，这其中还可能会有对企业的怨言，也正因为如此，企业更应该耐心倾听客户的想法，否则就难以了解自己的不足之处。在与客户沟通时，也要保持谦虚的态度，不要弄反了与客户之间的主客关系。同时，企业员工也要不断提升自己的能力，以便客户在提出新的需求后，可以满足客户。在听到客户的心声、了解客户的需求后，企业员工还要思考客户为什么会有这样的想法和要求，并主动为客户提供解决方案，改进自己的产品和服务。

　　稻盛和夫曾说："我经常对员工说，'要做客户的仆人'。"稻盛和夫这句话表明了与客户打交道的态度。他还强调说："特别是接待客户的姿态，要把自己定位为心甘情愿地为客户服务的仆人。是'心甘情愿'，不是'勉勉强强不得已'的意思，而是乐于当客户的仆人，主动、愉快地为客户服务。"

　　心甘情愿地为客户做贡献，这是稻盛和夫经营的原则之一，也是华为员工的工作哲学之一。任正非曾建议华为人不断反问自己：目标客户的需求是什么？我们的产品（或服务）的功能是否符合客户的需求？为什么客户要提出这些要求？只有这样，我们才能站在客户的立场上想问题，准确地解答客户的疑问。甚至早在华为还处于成长初期阶段时，任正非就一再告诫华为的员工："我们要认真总结经验、教训，并及时修正，不断地完善我们的管理，持续满足客户需求。当我们的发展处于上坡阶段时，要冷静、正确地看待自己，多找找自己与世界的差距。"

华为这种对待客户的态度与工作作风也反映了任正非的灰度思维，即能够在一些事情上进行妥协。善于妥协，恰恰是实现企业战略目标，以及处理企业内外部矛盾的一种有效手段和方法，而且妥协本身也是一种务实的态度与理念，是打破极端思想与偏执的利器。企业在成长与发展过程中，在实现战略目标的过程中，肯定会面临各种各样绕不过去的坎，这时该拐弯就拐弯，该低头就低头，该妥协就妥协，否则就达不到自己的目标。只有适当妥协，才能团结更多的人、吸引更多的客户，"毕竟人要生存，靠的是理性，而不是意气"，不懂妥协、进退，或者过于骄傲、偏执，那就可能会被"江湖"淹没。

铁三角组织，接口归一化

华为在发展过程中经历过无数次的改革，而每一次改革的原始动力都来源于客户需求，来源于对客户价值的尊重与创造。尤其是华为铁三角组织的建立，更是对"以客户为中心"的服务理念的一次全方位改革。

铁三角组织由三个关键角色构成：客户经理、方案经理和交付经理。这三个角色形成一个工作小组，旨在为客户提供全方位的服务和支持。而铁三角组织建立的源头，还要追溯到华为的一次失败的项目投标。

2004 年，华为雄心勃勃地踏入苏丹市场，只用了短短一年时间，便获得了重大突破。然而，命运在 2006 年上演了一场戏剧性的转折：在一次至关重要的竞标中，华为惨败，友商以 100% 的中标率独占鳌头。

为什么华为会在关键时刻落败？

在项目失利后，公司高层与项目团队进行了认真复盘。经过深度剖析，大家发现整个项目运作过程中隐藏着许多漏洞。

首先，从客户层面来说，客户渴望全方位的网络解决方案，而华为提供的却是单一方案的简单叠加。当客户关注运营成本时，华为还固守着使用大油机的传统方式，明显没有关注到客户运营成本的压力。

其次，从与友商的对比上来说，华为没能及时响应客户的需求，而友商一方却精准把握，并为客户提供了一种全新的站点解决方案。

最后，在信息收集方面，华为的信息传递过程出现了问题，没有接收到客户真正需求的信息，导致客户深层次需求的响应变得被动而滞后。

诸如以上这些细节还有很多，但都没有引起华为的重视。从表面上看，这也许是华为苏丹代表处的业务量增长过于迅速，很多员工对业务不熟悉造成的。但表象背后暴露出来的，却是组织架构与客户端需求的不匹配，大家还在按照传统模式服务客户，结果导致客户线不了解交付，交付线不懂产品，产品线只关注报价，每个人都只关注自己的职责范围，没有关注到客户需求。

好在华为苏丹代表处及时认识到自己的不足，从这次失利中吸取了教训，意识到想要让华为在异国重新打出名号，就必须对自己的销售组织和模式进行调整。这一系列反思便催生了华为铁三角组织的雏形。

2006 年底，苏丹代表处任命饶晓波、王锷、王海清三人组建了客户系统部的核心管理团队。其中，饶晓波统一负责客户关系，王锷统一负责交付，王海清负责产品与解决方案工作，由此实现了客户经理、产品经理（后发展为方案经理）与交付经理三个角色的融合，一起面对客户，一起完成交付，实现了对接客户的接口归一化。

三人同心，其利断金，华为的首个铁三角组织初具模型。铁三角组织的建立，彻底打破了以往不同部门之间的隔阂，使大家对彼此的业务了解得更加深入，也终于让三个部门做到了"力出一孔"。

铁三角组织成立后，当再一次面对苏丹客户时，客户惊喜地发现，曾经各执一词的华为团队似乎一下子发生了巨大转变，自己提出不同的问题，也会有不同的专业人员进行解答。在出现工作漏洞时，三方还会相互补台、及时化解。客户的脸上终于露出了久违的笑容，与华为的合作也再次走向正轨。

华为铁三角模式在苏丹代表处成功运用后，开始逐渐向外扩展，最终在公司层面全面推广，后期更是通过 LTC 变革模式将其制度化和流程化。而铁三角组织也为华为赢得了客户的信赖，使华为多次拿下海内外的大项目。

任正非曾说："铁三角模式并不是一个三权分立的制约体系，而是紧紧抱在一起生死与共，聚焦客户需求的共同作战单元。它们的目的只有一个：满足客户的需求，成就客户的理想。"

由此也可以看出，铁三角组织是华为构建的一个独特的组织形态，是一个基层战斗组织，但它发挥出了一个组织的合力。深入分析后发现，它并不神秘，它就是华为"以客户为中心"的思想在客户界面的集中体现。对客户而言，通过确定的组织、角色和流程，形成了为客户端到端服务的能力，不仅能最大限度地抓住机会，还能保证客户的服务质量。从公司角度而言，一线市场的铁三角组织可以将公司的能力最大限度地综合化，为经营结果承担端到端的责任，从而帮助公司形成成长与效益的平衡，让市场最大限度地从不确定走向确定。

在华为人眼中，客户已经被升华到了一个更高的境界，成为华为的一个信仰、一种使命，华为的一切工作也都围绕客户展开，就如任正非所说："华为命中注定是为客户而存在的。除了客户，华为没有任何存在的理由。"在为客户服务的过程中，华为也体现出了灰度思维和灰度工作哲学，即不论是管理还是运营，都不能走极端，而要提倡整体思维、系统思维，站在全局看问题、解决问题，"要炸开组织的金字塔，一杯咖啡吸收宇宙能量，一桶糨糊粘结世界优秀的人才和智慧"，这样才更容易让组织充满活力，大家集思广益，达成共识，形成群体智慧，形成"力出一孔，利出一孔"的内在凝聚力，为客户提供更加优质的服务。

"以客户为中心"是颠扑不破的真理与常识

延伸阅读

任正非曾多次对华为的管理层强调：客户需要什么，我们就做什么。所以，作为一家科技企业，华为不能唯技术论，而要贯彻"以客户为中心"的指导方针。为此，任正非做过一些统计，发现那些破产的企业，并非输在技术不先进上，而是他们在技术发挥上没有考虑到客户的需求，从而使其产品无法被客户接受，久而久之，他们的企业也就无法经营下去。

其实，任正非也有过追求技术上的完美的思想经历，但也曾因此体验过失去商机的滋味。比如，20世纪90年代中后期，尽管小灵通从技术上来说，已被国外一些先进国家淘汰，但小灵通在我国特定时间的市场上却一度有旺盛的需求，这使得不少企业从小灵通的商机中获得了很好的市场效益，而华为却没有把握住这次本来可以到手的商机。因此，任正非进一步认识到，如果技术人员缺乏市场意识，即使技术再先进也难以使企业获得应有的利润。正因为这样，任正非痛定思痛，决定从战略上使华为完成从"以技术为中心"

向"以客户为中心"的转变。

2002 年，任正非在华为的一次研讨会上对员工说："如果死抱着一定要做世界上最先进的产品的理想，我们就饿死了，成为凡·高的《向日葵》。我们的结构调整要完全以商业为导向，而不能以技术为导向，在评价体系中同样一定要以商业为导向。"在任正非看来，企业一定要随着市场的变化、客户需求的变化而及时调整产品。所以，任正非要求研发部门把自己研发的产品与客户需求结合起来。

有一次，华为承接了为一家银行实现电子化的系统研发工作。为了能够更好地给客户提供他们所需要的产品，华为专门成立了解决方案部。在这个部门里，不仅有资深的研发人员，还有各业务部门内经验丰富的员工。通过对客户需求的调研，华为将研发重心放在了研究金融信息化趋势和顾客需求上，放在了进一步强化为客户解决问题的方案上。结果，这个研发项目完成后，银行的客户非常满意。

其实，在市场经济中，"以客户为中心"是一条颠扑不破的真理与常识。任何企业，只要偏离了这个常识，就会在前进中走弯路。因此，企业在战略层面就要树立起"以客户为中心"的意识。为此，在任正非的倡议下，华为的三大业务模块名称确定为"运营商网络BG""企业业务BG"与"消费者业务BG"，每个业务模块都清晰地附以相应的客户群体（如运营商、企业与消费者），凸显了华为对"以客户为中心"的坚持。

对此，任正非曾明确地说："我们公司过去的成功是因为我们没有关注自己，而是长期关注客户利益的最大化，关注运营商利益的最大化，千方百计地做到这一点……华为聚焦的是客户，而不主要是对手。"基于对"以客户为中心"的深刻认知，任正非还强调，企业在进行战略策划时，往往会考虑到如何应对竞争对手，企业对竞争对手的关注要适度，不要为此而影响对客户的关注度，否则，企业的竞争力会因对客户关注不够而削弱。

在具体阐述"以客户为中心"这一战略常识的时候，任正非指出："做任何事，都要因时因地而改变，不能教条，关键是满足客户需求……我们一定要做商人。科学家可以什么都不管，一辈子只研究蜘蛛腿的一根毛。对科学家来说，这是可以的。但是对我们呢？我们只研究蜘蛛腿，谁给我们饭吃？因此，不能光研究蜘蛛腿，要研究客户需求。"

如今的华为，基于客户需求和技术创新，持续以客户为中心，为客户创造价值，构建共赢生态。

例如，在2023年，华为持续以客户为中心，为运营商客户提供有温度、有深度的服务，作为全球运营商最信赖的合作伙伴，华为通过专家、人才、伙伴、平台、流程的综合服务体系，持续为客户创造价值，共建万物互联的智能世界。这主要表现在以下方面：

（1）华为深耕数智化交付模式，构建多场景交付能力，支撑运营商高效、高质量建设绿色极简、韧性可靠的ICT（信息与通信技术）数智化基础设施。

（2）华为与运营商客户携手，保障全球1500多张网络稳健运行。在超200次重要体育赛事、重大活动中，通过稳妥可靠的通信保障服务让用户畅享高质量网络；在抢险救灾中，与客户共同面对挑战，以敏捷、专业的服务支撑网络通信快速恢复，减少损失。

（3）华为支撑运营商客户提供高质量、体验优的网络服务，第三方权威机构测试结果显示，由华为提供产品和网络优化服务的运营商，在网络质量和用户体验方面均排名前列。

再如，2023年，围绕汽车增量部件提供商的战略定位，华为智能汽车解决方案业务持续坚持以客户为中心，聚焦智能化车部件业务，利用华为ICT技术优势，提升驾乘安全和体验，从而实现商业价值和社会价值。

华为坚持以客户为中心，或许正因为此，华为才能够从无到有、从小到大、从弱到强，一步步地成长、壮大，驰骋国际市场的大舞台，成为当今世界最大的通信业设备商。

第四章

用人策略：
用能人，而不是用完人

　　企业要增长，人才是关键。华为对于人才的选拔和培养非常重视，可谓是"择天下英才而用之"。但华为并不追求人才的完美，而是以灰度思维看待人才，不拘一格识人才，甚至选用一些"歪才""怪才"。在任正非看来，虽然这些人不被大家看好，但华为能从战略眼光上看好这些人。

抛弃非黑即白的用人思维

很多企业在招聘员工时，都会要求员工胜任才行。实际上，员工只有进入企业，在相应的岗位上工作之后，才能知道他们是不是能胜任。如果企业仅凭员工的学历、简历就判断员工是不是能胜任，显然太过绝对了。

任正非曾说："人才不是华为的核心竞争力，对人才进行管理的能力才是企业的核心竞争力。"所以，华为也被认为是一家善于经营人才的企业。

在很长的一段时间里，华为都想给自己的人才队伍画像。在华为人当中，还流传着这样一段话，可能是对华为人才建制最好的描述："我们穿着草鞋，从北冰洋打到了地球的最南端；我们还来不及取下头上包着的白毛巾，从青纱帐里出来，一下子就跨过了太平洋；腰间还挂着地雷，手里提着盒子炮……"

很多人无法相信，就是靠着这样一群人，华为最终成为世界级的通信巨头，而事实的确就是这样。

企业成功的关键，并不在于企业拥有多少优秀的人才，而在于企业的人才运营机制。华为源源不断的人才供给，主要得益于那些没什么工作经验的应届生。在华为的用人理念中，人才队伍建设不是为了好看，而是要打造一支可以创造商业成功的战斗队伍。

华为在大发展时期，每年的人才需求达到上万人，这绝不是靠那些有经验、能胜任的人就能达成的目标。按照管理学的观点，人才管理的目标是要让平凡的人做出不平凡的成绩，这就需要企业必须降低对人才能力的假设，抛弃非黑即白的用人思维，尽可能做到"天生我材必有用"，而不让自己陷入只找高手、不要新人的困境当中。

华为在乌克兰有一个代表处，那里有一位很特殊的本地司机。一般来说，司机只需要按时把工程师送到各站点就算是完成工作了，但他不同。因为经常与华为的工程师在一起，他逐渐了解到了一些关于站点工程师的工作内容和相关技能，并且开始慢慢学习。在不断的沟通和学习中，他进步很快。

2016 年，华为乌克兰代表处对外招聘，一位对这名司机很熟悉的区域经理就向华为招聘处的主管推荐了他。主管跟大家开会讨论了一下，大家一致认为，只要他能胜任工作，就应该招进来。

于是，招聘处对这位司机进行了一系列的面试和考核，结果发现，他对华为的一些技术性工作的熟练程度甚至超过了很多员工。最终，他顺利通过面试，成为华为的一名站点工程师。

从这个案例可以看出，华为在用人方面更强调实践能力，而不是只关注起跑线。即使是普通人也有机会进入华为，只要有能力，同样能为企业创造不凡的业绩。

经过 30 多年的发展，华为越来越明确的一点是：如果企业直接圈定一部分人，认为他们就是人才或后备人才，而其他人不是，这就是非黑即白的唯心主义，是一种自我封闭。这样导致的一个直接结果就是：被选中的人受宠若惊，自觉很了不起；被淘汰的人感觉受到了冷遇，认为自己再努力也是白搭，不如直接"躺平"。一个不做加法，一个只做减法，这样的人才系统只会给企业开倒车。

企业需要群体奋斗、群策群力，因此，华为积极倡导开放的用人态度，所建立的人才系统对每个人也都是开放的，大浪淘沙，能上能下。即使是在对待接班人的问题上，华为也是这样定义的：

"接班人是广义的，不是高层领导下台就产生接班人，而是每时每刻都在发生的过程。每件事、每个岗位、每个流程都有这种交替行为，是不断改进、改良、优化的行为。我们要使各个岗位都有接班人，接班人都要承认这个核心价值观。"这段话非常精确地阐述了华为的接班人理念，包含了丰富的灰度哲学思维、管理思想和远见卓识。

从表面上看，华为好像一直在寻找接班人，实际上华为时刻都在培养接班人。每一个进入华为的员工，学历、资历、经验都会自动消失，一切都凭借员工的实际能力、所承担的责任和创造的价值来进行考核与识别，继而将他们分配到最合适的岗位上去磨炼。正是通过这种方式，华为建立了一套思想导师的培养制度，从新员工起就为他们灌输这种接班人理念，让每一位员工都成为一个组织的接班人，最终将这一制度在思想上固化下来。

所以，每一个进入华为的人，都会成为不同组织、不同岗位、不同人的接班人。从底层逻辑上来说，这与海尔提倡的"赛马机制"有些相似——接班人不是指定的。

总而言之，不论是招聘人，还是培养接班人，华为都始终贯彻灰度的用人思维，不追求完美，最重要的是要发挥人才的长处，用人之所长。任正非也曾强调，要坚决反对把精力用于补短板、追求完美，人最重要的是发挥自己的优势，做好长板，再拼一块别人的长板，拼起来就是一个高桶。如果一个人缺点较多，那就观察他在哪方面可以重用一下，如这个人不会管人、不会用人，只会做专业的事，那就派一个会管人的副职去协助他。没有完美的人，只有互补的完美团队。华为需要的也不是完人，而是能打胜仗的人，能打胜仗的人一定是有个性、有自己独特思维的人。

把合适的人放在合适的位置上

对于任何企业来说，把合适的人放在合适的位置上，让人与岗位相匹配，才有可能把事情做好、做成。华为在用人问题上，其核心用人观强调"最合适的，就是最好的"，让员工能在最佳的时段，走上最佳的岗位，做出最大的贡献。否则，即使是优秀的人，到一个自己不能胜任的岗位上，同样会把事情搞砸。没有合适的人，再好的战略也无法落地执行。

事实上，华为也曾经有过一段人才流失严重的时间。2019 年 2 月，华为公开发布了任正非签发的关于进行"为什么博士群体员工流失严重"的讨论的要求。公司咨询委员会、人力资源秘书处和人力资源部人才管理部从不同角度对这一问题进行了联合调研，对 2018 年 82 名离职的博士员工和 115 名在职博士员工进行了一对一的深度访谈和数据分析。结果发现，从 2014 年到 2018 年，华为的博士员工平均离职率达 21.8%，且入职时间越长，离职率越高。

经过深度访谈，华为最终找到了这些人才流失的一个重要原因，就是"英雄无用武之地"。在 82 名离职博士中，有 56 位表示自己离职的主要原因是岗位与个人技能不匹配、主管技术能力弱导致自身发展受限、自身特有优势难以发挥等。尤其是入职两年内的博士员工，往往是满怀激情而来，却在一次次无法发挥特长的失望中离去。简而言之，人岗匹配度过低，是导致华为大量优秀人才流失的主要原因。

为了提高人才与岗位的匹配度，让人才可以在适合自己的岗位上发挥最大价值，华为从两方面进行了制度建设：一方面积极建立健全岗位配置模型，进一步优化岗位空缺计划，使其更加透明，让所有华为员工都能及时了解到公司内部空缺岗位的需求；另一方面，通过明确能力提升和岗位晋升的方式，激励员工不断进步。

此后，为了培养出更多优秀的人才，提升团队作战能力，华为想尽办法开发和挖掘每一位员工的优势，遵循唯才是用、合理配置的原则，并逐渐形成了良好的管理文化。"要通过员工岗位任命、工作安排来牵引员工承担责任、做出贡献。每年通过例行的人岗匹配，审视员工的贡献，强调把合适的人用在合适的岗位上，不仅能做到人尽其才，也能防止滥竽充数，避免人力资源浪费。我们要通过人与岗的合理匹配，把不合格的人调离岗位，把有意愿、能履行岗位职责的人匹配到岗位上来。"

在华为内部，不管是管理者，还是普通员工，都尽可能地遵循以上的用人策略。以管理层为例，余承东在公司里主要负责手机业务，何庭波主要负责半导体芯片制造业务，孙亚芳则主管对外事务的协调，每个人都有明确的分工，从而使他们发挥每个人的最大价值。

在人才的培养和任用方面，华为也不盲目地遵循非黑即白统一化的方式，而是十分善于针对不同的人提供不同的培养方案。有一段时间，华为在招聘人才时，会给予应聘者很大的自主选择空间。如果员工进入公司后，觉得公司为自己安排的岗位不适合自己，就可以自由地选择适合自己的岗位。任正非还特意在公司内部会议上强调："公司给予员工挑选岗位的机会，不用封建包办婚姻式的包办终身。"

等到员工的实习期结束后，华为会按照考核标准对员工进行评估，看一看员工在自己选择的岗位上做得是否出色。如果成绩过关，公司就会尊重员工的选择，让他们到自己喜欢的岗位上继续工作；如果成绩不过关，公司则会按照自己事先为其安排的岗位继续对员工进行考核，并且加大培训力度，确保每一位员工都可以在适合自己的岗位上工作。

除此之外，华为还会安排专业的导师对新入职的员工进行培训和指导，这种培训和指导通常具有很强的专业性和针对性，每一个新员工的特点都会被公司了解，然后公司再安排最适合的导师对员工进行培养，充分利用导师的技能和经验来引导新员工。这种培训员工的方式是华为培训文化中的一个重要标志，也是华为用人策略中的一个要点。

总之，在华为的用人策略中，"最优秀的不一定是最合适的，最合适的才是最好的"。这种不拘泥于完人的选人和用人方式，也让华为识别出了一批"正确"的人，打造了一支"狼性"团队，构建了真正适合自己发展和成长的人才梯队。

绝不让"雷锋"吃亏

"问渠哪得清如许，为有源头活水来。"一个企业想要发展，必须不断注入新的生机与活力。而华为不让"雷锋"吃亏的工作哲学，将华为的组织力提升到了极致，为华为提供了源源不断的"活水"。

华为有这样一种说法，那就是改变自己命运的方法只有两种，一种是努力奋斗，另一种是做出贡献。华为从来不以岗位来衡量一个人对公司的价值，只要能满足公司的要求，坚持努力奋斗，并能够为公司做出贡献，那就是奋斗者，就可以分享到华为成长带来的红利。这也体现出了华为灰度工作哲学的作风。华为坚持以奋斗者为本，提倡绝不让"雷锋"吃亏，让每一位奋斗者都获得合理的回报，并且还通过事前建立评价分配的标准，引导员工先作为，努力实现目标，再根据分配的标准，对贡献者给予及时的回报。

早在 2006 年，任正非就强调："我们要优先从愿意艰苦奋斗的优秀员工中选拔卓有贡献的人进行培养。"从那时起，华为就强调把机会留给艰苦奋斗的优秀员工，并将物质激励和晋升机会向有卓越绩效的奋斗者倾斜。

2015 年 4 月，尼泊尔发生 8.1 级地震，给当地人民的生命财产造成了重大损失，受灾地区的通信基础设施遭到了极大的破坏。

地震发生不到 20 分钟，华为驻尼泊尔代表处便组建了一支一线工程队伍，对灾区通信设施进行抢修。当时，灾区余震不断，随时都可能发生意外情况，但这支华为队伍却自发跑步抵达运营商中心机房，协同客户抢修被地震破坏的通信设施。

在这个过程中，华为团队发现，友商一时无法组织起有效的救灾力量对自己的设施进行抢修，华为团队便自发协助友商抢修设施，巩固、抢通了非华为设备站点 260 余处，确保了灾区通信的畅通，为抗震救灾提供了有力的通信支持。

一直以来，华为对奋战在一线的员工从不吝惜奖励和提拔，因此，在这次尼泊尔地震救灾结束后，华为立即对这些在一线做出贡献的员工进行了嘉奖，抢修队伍中的 4 位工程师还得到了职级晋升，其他成员也得了不同程度的物质激励和荣誉奖励。

任正非曾说："想让火车跑得快，就给火车头加满油。"华为并不会按职称、岗位等拉开员工差距，而是按价值贡献拉开人才之间的差距，从而形成你追我赶的局面，让列车跑得更快。这种充满活力的机制，也让有价值奉献的人真正得到了合理回报。这也如任正非所说的："华为绝对不让'雷锋'穿'破袜子'，你为公司做出了贡献，我就给你体面的回报。这样就是在用制度培育'雷锋'，而不是用道德培养'雷锋'。"

2015 年，华为在《致新员工》中还特意定义了"雷锋精神"——雷锋精神与英雄行为的核心本质就是奋斗与奉献。但"雷锋"和英雄都不是超纯的人，也没有固定的标准，其标准是随时代变化的。在华为，一丝不苟地做好本职工作就是奉献，就是英雄行为，就是雷锋精神。

因此，华为提出不让"雷锋"吃亏，其本质是对勤勤恳恳、任劳任怨、有苦劳不一定有功劳的默默奉献的员工给予奖励、支持和鼓励。

任正非曾多次指出，"以客户为中心，以奋斗者为本，长期艰苦奋斗"就是一种利益驱动机制。以奋斗者为本的文化可以传承的基础，就是不让"雷锋"吃亏，对那些有使命感、自觉主动贡献的人，组织不要忘记他们。这就是华为文化，要使这个文化血脉相传。这个文化不是在大喊大叫中建立起来和传承下去的，它要落实到若干考核细节中去。要春雨润物细无声般地将文化溶解在血液当中。

在华为，让价值奉献者得到合理的回报，这样才会有更多的人为公司做出奉献。这既是华为的核心价值观，也是华为的基本价值分配政策。不得不承认，华为的这种工作哲学确实很出人意料。解读人性、把握人性，将人性为我所用，最终成就的是华为自己。

长期以来，华为秉承"不让'雷锋'吃亏"的理念，也建立了一套基本合理的评价机制，并基于评价给予激励回报。华为视人才为宝贵的财富，并尽力为人才提供适合自己的岗位，还会尽可能地为他们提供生活、保险、医疗保健条件，为他们提供业界有竞争力的薪酬。这一切，既体现了华为以人为本的灰度工作哲学，也体现了华为仁善关爱、合作共赢的"人性"原则。

"歪瓜裂枣"也有自己的价值

在华为，任正非一直强调一句话：我们在选人的时候，要挑选"歪瓜裂枣"，而不是完美的人。这句话的意思是说，华为在选人、用人时，更倾向于选择在某方面能力较强的人，而长板突出的人，短板往往也很明显，华为会再用组织力量来弥补这些人的不足。

比如，郑宝用适合打冲锋仗，但大兵团作战的控制力相对弱一些，任正非就让郑宝用负责项目组攻坚，而让余承东来带领集团军作战。

优秀的人才，并不意味着就是十全十美的人才。况且，人无完人，企业想要让这些人发挥最大的潜能，就应该包容他们的缺点，这样才能真正用好他们。

在华为，人才通常被分为两类：一类是 99% 的普通人才，另一类是 1% 的开创型人才。对于 99% 的普通人才，华为为他们设计的是"之"字形成长路线，也就是打破专业界限、打破岗位界限，让人才有序流动、跨岗轮换。经过这种方式培养出来的人才，既可以保证他们具备一线作战经验，又能使其兼顾研发、销售、服务、机关等多部门与多岗位的知识储备。他们称得上是"传统意义上的全才"。

而 1% 的开创型人才，他们从严格意义上来说已经属于"天才"，不是靠后天培养成长起来的，更多是在禀赋和悟性方面异于常人。对于这部分人才，华为的态度是：投其所好，放任自流；不是筑巢引凤，而是在有凤凰的地方筑巢。因为他们走的是从 0 到 1、从无到有的创新路线，这类人才并不常有，所以华为对他们求贤若渴，并让他们担负起公司的领航责任。

2019 年，华为发起了一项名为"天才少年"的招聘计划，旨在吸引全球顶尖人才。关于这一招聘计划，任正非说："华为未来要拖着这个世界往前走，自己创造标准。只要能做成世界最先进，那我们就是标准，别人都会向我们靠拢。今年，我们将从全世界招进 20~30 名天才少年，明年我们还想从世界范围招进 200~300

名。这些天才少年就像泥鳅一样，钻活我们的组织，激活我们的队伍。未来三五年，我相信公司会焕然一新，全部'鸟枪换炮'。这些'天才少年'就是1%的顶尖人才。"

华为的"天才少年"项目面向全球招聘，并且不限学历和学校，真正体现了"不拘一格降人才"，只要在相关领域有突出表现并有志向成为领军人物的都可以参加。对于那些被选中的"天才少年"，华为会为他们提供世界级的挑战课题、优秀的导师团队、全球化的平台以及5倍以上的薪酬。可以说，这是一个真正让人才充分展示自己才华和潜能的机会和平台。

这种选人、用人的策略，也让华为的人才队伍具有了丰富多样的人才知识结构，让更多的"歪瓜裂枣"加入进来。但是，华为主张对他人的评价要建立在对方的优点之上。不管是干部还是员工，华为内部评价都达成了一种共识：在评价别人的时候，不抓缺点，主要看贡献。在华为看来，公司里没有完美的人，但只要是对公司有贡献的，只要在某一方面足够优秀，有拼搏精神，就可以得到团队的认可。

在华为看来，既然世界上没有完美的人，那么公司在选人、用人时就不能求全责备，否则天下便无可用之人。"天下无马"，责任不在于马，而在于没有真正的伯乐。所谓人才，一定是优点突出、缺点也明显的人，但人性中有趣的一点是：有些人喜欢放大别人的缺点，看不到别人的优点。就像猴子爬树，有些人在后面看到的往往只是猴子的红屁股。这也表明，挑人毛病是一件很容易的事，发现优点却需要耐心和积淀。

所以，任正非在 2018 年的一次讲话中，对华为"现在录用员工搞得像选内衣模特一样"的人事工作提出了批评。他强调：我们要的是战士，不是完美的苍蝇。企业应该崇尚一种用人理念，即容忍一部分英勇的人有缺陷。选拔人才不是为了好看，而是为了他们能像战士一样，为企业冲锋陷阵，攻下山头。

不过，值得一提的是，华为能够接受"歪瓜裂枣"，甚至看重"歪瓜裂枣"，但这一观点只是对完人的否定。在华为，让每一位员工充分发挥自己的优点，并不代表任由员工的缺点放大化。从公司行政管理的层面上来说，员工的任何行为都是会受到公司规章制度的约束的。

既要任人唯贤，又要动态管理

从企业的人才运营管理模式来看，持续地提升人才资本的ROI（投资回报率）是一件非常困难的事。而华为实行的三位一体人才管理模式，却取得了显著成效，值得国内企业学习。

首先，华为会精准选人才，做好人才的甄选和配置。在华为看来，所谓人才，并没有什么完美、最好的标准，只要是适合的就是最好的。

实际上，华为在甄选人才方面也曾有过沉痛的教训。2000年，华为曾一次性从全国高校招聘了300多名应届毕业生，但不到一年时间，这些人才跑个精光。任正非自己也承认，自己在招聘人才时多次看走眼，把那些看起来很完美的"伪人才"招进了公司，给公司造成了巨大损失。

在经历过多次教训之后，华为终于找到了一套甄选人才的有效方法，其核心就是：不但要选准人才，还要学会组建最佳团队，让这些核心人才的分工搭配更加合理，把合适的人放在合适的岗位上。

在华为看来，没有所谓的"全才"或"完美之才"，就像世界上没有完美的人一样。在这种情况下，甄选出适合企业发展的人才才是最重要的。因此，从20世纪90年代起，华为实施了"狼狈计划"，并制定了团队正职与副职搭配的用人策略。

其次，华为会对人才进行倍速培养和动态培养。在中国，华为是第一个引入"五级双通道"任职资格体系的企业，目的是让员工明确知道自己职业发展的上行通道。该通道的核心是先梳理出管理与专业两个基本通道，再按照岗位划分原则，将通道进行细分。管理通道会分为监督者、管理者和领导者几个子通道，再选拔出对应的人才任职。在专业通道，则会细分为技术、营销、服务与支持、采购、财务、生产、人力资源等子通道。

在这个模型当中，每一位员工都可以根据自身的特长和意愿，选择向管理通道方向或技术通道方向发展。两条通道的资格要求不同，如果员工技术过硬而管理能力相对欠缺，可以选择在技术通道方向发展，一旦成长为资深技术专家，即使不担任管理岗位，也可以享受公司副总裁级别的待遇，并有权调动资源。在华为，这种情况称为"有职、有权、有责"，同时也让华为得以保留了一批经验丰富的技术人才。

为了培养能打胜仗的人才，华为还采用"训战结合"的方法，"复制"前方的"将军"级人才。华为把那些业绩卓越的员工代表召集在一起，请他们来编写教材，当培训老师，让最优秀的人来培养下一批优秀的人。这些老师将培训课堂当成"前敌作战指挥部"，带领学员进行实战学习，目的是使学员以后可以真正"上战场，打胜仗"。

此外，华为还推行了人才培养的长效动态机制，以此吸引和激励更多优秀的员工，为华为创造更多的价值。

在 2014 年以前，华为员工的收入只包括三部分，分别为工资、奖金和虚拟股收益，没有 TUP（Time Unit Plan，时间单位计划）分配制度。但是后来，华为发现，有些人在公司里不想干活，只想拿钱。而 TUP 分配的本质是奖金的一种递延分配，主要是把奖金分配给那些有着卓越贡献的年轻员工，稀释那些老员工虚拟股权分配的数额，从而让华为"以奋斗者为本"的核心价值观得以兑现。

自从该 TUP 分配制度实施以来，除了激活部分老员工的工作动力，最大的价值就是增强了华为吸引和保留优秀年轻员工的能力，同时也激励优秀员工在自己的岗位上发挥更大的价值。

在华为看来，有竞争才有比较，才有利于人才的选拔和使用；没有竞争，企业就缺乏活力，显得死气沉沉的，也难以涌现出更多的优秀人才。而竞争往往体现在资源的占有、现实利益的分配，以及对未来发展空间的争夺上。一个优秀的企业，必须有一套科学的激励机制留住人才，并且做到任人唯贤，让这些人才能与企业共进退。同时，企业还要对这些人才进行动态管理，通过岗位调整、优化配置等方式，将合适的人放在合适的岗位上，激励他们创造更大的价值。还要采取相应的淘汰机制，对不符合岗位需求的人员予以淘汰。

通过这些用人策略，华为让更多的人才在竞争中脱颖而出，并调动了他们的积极性、主动性和创造性，推动着企业持续发展。

自我批判的人才机制

华为内部非常强调自我批判，并将它看成华为文化的精髓。自我批判的实质，就是通过接收外来一切有利于个人和组织进步的信息和能量，时刻引入"负熵"，让自己像一个蓬勃发展的生命体，一直处于耗散和灰度的状态中。任正非曾在一篇文章中指出，华为20多年的经验证明，是自我批判让华为走到了今天。

其实，早在1998年，任正非就提出自我批判的重要性，并且指出：不能自我批判的员工就不再被提拔；3年以后，所有不能自我批判的干部将被全部免职，不能再担任管理工作。通过正确引导，以及压力的施加，希望经过多年的努力，能够在公司内形成上上下下各层级的自我批判风气。

在任正非看来，没有自我批判，华为就不会认真听取客户的需求，就不会密切关注并学习同行的优点，就不会深刻自我反省，由此就会故步自封，难以虚心吸收外来的先进东西，难以保持内敛务实的作风，难以剔除组织中的无效成分，难以建立一个优质的管理体系。"只有长期坚持自我批判的人，才有广阔的胸怀；只有长期坚持自我批判的公司，才有光明的未来"。

华为人认为，自我批判是一种武器、一种纠偏机制。2000年9月1日，华为研发体系组织召开了一次隆重的"中研部将呆死料作为奖金、奖品发给研发骨干"的大会，共有几千名研发人员参加。在会上，任正非把那些因为研发不认真、测试不严格、盲目创新等产生的呆死料器件，以及为了去现场解决问题产生的机票等，都用镜框裱起来，作为"奖品"发给研发系统的几百名骨干员工，并把"从泥坑里爬起来的人就是圣人"这句话送给他们。

任正非还把这次带有自我批判性质的呆死料大会比喻成"用鸡毛掸子掸灰尘"，并且还特别强调"没有自我批判精神的人，不能做将军"。

华为员工在工作当中，也会坚持进行自我反省、自我批判，华为甚至将自我批判的精神列为对员工、干部的基本要求。在华为看来，自我批判是一个人对自己的管理；是自我管理时的理智力、自律力和内在控制力的表现；是一个人在思想上、观念上去糟粕、纳精华，进而不断升华和成长的过程。

在华为内部，对员工的各项考核、各种标准都充分反映了自我批判精神。无论是干部和员工的任职标准、领导力的素质模型，还是华为干部象限、干部信息档案等，都包含自我批判的内容。并且，这种自我批判完全不是走过场，而是已经完全融入华为的制度与华为人的工作哲学当中。

比如，在华为的任职标准中，除了品德这项基本要求，自我批判就是其中一个十分重要的考核项目，也是员工进阶为干部的基本要求。在华为，后备干部一直都是选拔的重点，而选拔时的一个重要考核内容是品德考评，它主要包括两项考核内容：一个是关键事件，另一个就是自我批判。如果候选人自我批判的考核分数不够，就会直接被淘汰，并且再也没有晋升的可能性。

对于自我批判，任正非有自己的解读，他说："我们提倡自我批判，但不提倡批判他人，因为批判他人，一旦掌握不好轻重，就会伤到对方。而自我批判是自己批判自己，往往会手下留情。虽然是鸡毛掸子，但多打几次也会达到同样的效果。"

有一次，任正非与当时华为的轮值 CEO 徐直军一起招待客人，双方在沟通时便聊到了华为的 IPD（集成产品开发）变革。这时，徐直军当着客人的面说道："老板懂什么？这个变革他懂多少？他可能就懂 IPD 这三个英文字母，但 IPD 是什么意思、怎么搞，老板不知道。"

任正非在一旁听到后，非但没有生气，反而说徐直军说的是对的。然而，回去以后，任正非马上就开始认真学习 IPD。

这就是华为工作哲学中的自我批判，在任正非的领导下，华为人越来越意识到，人不可能不犯错误，但有了自我批判精神，人就能从错误中不断反省、不断总结提炼经验。具有这样的空杯心态，人才能不断成长、不断发展、不断超越，这也是一个不断实现自我修炼的灰度发展过程。从这个角度来讲，华为的灰度工作哲学也是真正锤炼人才、培养人才的最有效手段。

2003 年，华为提出了"蓝军"的概念，提倡民主作风，鼓励广开言路。当时，华为在研发系统中划分出"红军"和"蓝军"，并让"蓝军"想尽办法给"红军"挑毛病，还把具有逆向思维的员工培养成为"蓝军"的干部，最终让他们成为"红军"的司令官。

2013 年，本着"最好的防守就是攻击"的认识，华为更加重视"蓝军"的作用，希望用"蓝军"的猛烈攻击成就"红军"的正确攻击方向和攻击成效。同时，华为还刻意保护"蓝军"中那些敢想、敢说、敢干的"疯子"，鼓励他们疯狂地思考和尝试，还在红蓝博弈中"蓝军"输了之后，给"蓝军"以相当程度的妥协和宽容，鼓励他们继续发挥反对者的价值。事实上，华为这样做的目的，就是要把"蓝军"机制当成自我批判的一部分。

2014 年，华为又将"蓝军"的地位上升到"蓝军思维"的层面，不再将"蓝军"当成一个常设组织，而是给员工一个百花齐放、百家争鸣的机会。在"蓝军"发表自己的观点和意见时，不管说的是对是错都不要紧，因为这个过程至少会引发更多的思考，为公司带来源源不断的活力。

当然，在工作中善于自我批判，并不是为了批判而批判，也不是为了全面否定而批判，而是为了优化进步和建设发展而批判，其总目标是公司整体核心竞争力的提升。关于这一点，华为人内心是非常清楚的。人类社会原本就是在不断地总结经验、有所发明、有所创造中前进的，华为人如果也能不断地总结成功与失败的经验教训，努力向别人、向一切先进的东西学习，那么他们也一定可以带领华为走向更美好的明天。

开发人才要坚持"低重心管理"

"低重心管理"是任正非管理哲学中的重要组成部分，所谓"低重心管理"，就是把管理的重心放在底层，把管理落实到具体的工位上，在具体事务上下功夫，而不是一味地宣传大而空的理念。例如，每项工作开展之前，都要对新员工进行考察与培训，尤其是一些特殊岗位，新员工必须经过严格的培训之后才能上岗。这也是"低重心管理"的一个方面。

1996 年，在华为公司的二次创业过程中，任正非指出："发展要实行低重心的管理，就是做实。层层级级都要在做实上下功夫，只要我们做实，我们的生产能力就可以提高。"当时华为还存在极大的资源浪费问题，但凭着低重心战略争取到了国内市场的地位。

实行"低重心管理"，强调的是员工与干部分开管理。基层员工的考核由人力资源部完成，包括对基层员工的各种奖励进行监督。而中、高层干部的考核由华为的六个干部部门负责，人力资源部则负责建立办公会议制度，通过这样的管理方式，华为建立起了一个完善的现代管理体系，而不再是创业初期"诸侯割据"的状态，确保了每一个人的考核都是公平公正的，能够经受得住考验。

"低重心管理"体现出了华为的务实精神，管理要落到实处，要真正发挥出管理的作用，否则就是做无用功。曾经有一名新员工，入职以后给任正非写了一封建议书，洋洋洒洒万余字，然而任正非读了以后，非但没有感动，反而非常厌恶这种眼高手低的做法。他严厉批评了这种做法。激烈的批评让很多人感到吃惊，这是因为他们不曾亲身走过华为的成长之路。做事必须踏踏实实，联系实际，按照方法一步一个脚印，容不得任何虚假的成分。

在深圳，华为专门建立了一所华为大学，负责为华为员工及客户提供众多培训课程。在华为大学的墙上，刻着这样一句话："用最优秀的人培养更优秀的人（Great leaders lead leaders）。"这是华为一直以来奉行的人才理念，也是华为人才"倍"出的原因之一。

作为企业的领导人，有太多的事情等着任正非去处理，他不可能像创业早期那样亲自去基层挑选人才，这一点他非常清楚，所以他只能通过其他方法来保证华为的人才制度。

任正非进行了大刀阔斧的改革，推出了很多优秀的制度，其中一条就是导师制。何谓导师制？就是由老员工担任新员工的导师，让老员工手把手地教导新员工，将华为的企业文化、价值观以及做事方法等教给新员工，帮助他们快速融入集体，创造价值。

华为的导师制最初在研发部门试点推行，后来取得了很好的效果，于是进一步推广到全公司，成为华为的重要制度，甚至成为对老员工晋升的一项考核要求。员工必须当过导师，才能被提拔，获得晋升。正是导师制的巨大作用，让很多员工把华为当成了大家庭。

可以看出，一个优秀的团体，必定是具备自我批判精神，能够进行自我改正的。为此，企业顶层必须学会放权，让下属在自我管理中成长。舍不得放权，只会让企业越来越僵化，在这样的体系中生存，所有员工都会畏首畏尾，失去创新精神，这样的例子我们已经见过太多了。因此，"低重心管理"也需要放权，让员工在自我批判中逐渐成长起来。

华为的"狼性文化"威名远扬，在外界看来，华为的"狼群"实在太可怕了，曾经无比强大的众多对手，都被华为"斩于马下"。于是，很多公司也像华为一样，提倡

"狼性文化"，要求员工向狼学习。然而现实往往是残酷的，在"狼性文化"的影响下，员工非但没有变成战斗力强悍的"狼群"，反而变得非常厌恶工作，这甚至成为离职的导火索。

之所以会造成这种结果，原因就在于这些企业是只得其形而不得其神，嘴里喊着"狼性"的口号，等到做事时却不肯放权，仍然让员工按照以往的规则办事，这无异于让员工戴着镣铐跳舞。等到员工发现之后，就会心灰意冷。

第五章

干部管理：
用灰度理论任用干部

任正非说："我们真正的干部政策是灰色一点，桥归桥、路归路，不要把功过搅在一起。不要疾恶如仇，黑白分明……有的干部能力强、业绩好，但有些小毛病，用人的时候我们就要从大局出发，不用求全责备，看主流、看绩效，这就是灰度。"华为对干部的任用和管理也体现出了灰度，既要干部符合公司设定的标准，又要能上能下，其目的就是要挖掘一切可以挖掘的潜力，实现公司的目标和战略。

华为干部管理的四个标准

干部管理一直都是华为高度关注的主题之一。华为的干部评价有四个标准，分别为品德价值、核心价值观、绩效和能力。其中，品德价值是底线，核心价值观是基础，绩效是必要条件和分水岭，能力是关键成功要素。这四点也成为华为高层对于干部标准的高度概括。

在华为看来，如果一个人的品德不够好，即使能力再强，也不能任用。当然，华为所认为的"品德好"，并不是说一个人只讲奉献、不讲回报，华为对"品德"的理解是在工作、生活当中具有负责任的态度和行为，如严格遵守社会公德，正直、诚实、自律等。

另外，"品德好"还表现在自觉维护公司利益，恪守员工的行为准则，尤其在经济上要严格自律，防止腐败。基于此，华为干部的廉洁在业内也是有口皆碑的。当然，为了防止干部腐败，华为也制定了一套全面、系统的防腐败体系，不仅从内控出发，更是从人性出发，在公司内部用机制来杜绝腐败。

比如，华为严惩干部腐败，只要贪污数额达到 10 万元，该干部在华为内的股票就会被清零，损失可能达到上千万元。相较之下，贪污数额只是蝇头小利，实在不值得去冒险。

再比如，华为内部设立了采购认证部门和使用部门两个部门。其中，采购认证部门负责在全球选拔优秀的供应商来合作，但每个供应商情况到底如何、服务是否到位，则是由具体的使用部门说了算。供应商想把这两个部门一起搞定是非常难的，一个负责入围，一个负责下多少订单，这就倒逼供应商必须为华为提供最好的服务。并且，只有对华为提供优秀服务的供应商，才能拿到最好的市场份额。

除此之外，华为还设立了专门的监督机制，由内控、审计等部门去监督各个部门是不是按照公司规则开展采购工作，以确保各级干部遵守公司的流程规则。同时，公司审计部门还会对结果进行审计。这样一来，从过程到结果便构成了一个完整的监督体系，留给干部犯错的空间更加狭小，这也是华为在干部反腐工作方面做得好的主要原因。

核心价值观是华为对自己以往取得成功经验的高度总结，所以各级干部都必须认同、遵守，并将其传承下去。华为的核心价值观是以客户为中心，以为客户创造价值为评价的基础，这也是任正非一直都在追求的目标和坚持的原则。同时，华为还以保持持续的艰苦奋斗精神为核心价值观。华为的很多干部虽然已经实现了财富自由，但在思想上仍然要保持艰苦奋斗的精神，这样才能带领华为员工坚持艰苦奋斗。

此外，华为的干部还坚持进行自我批判，善于听取各种不同的意见，保持心态的开放。一个好干部只有能听得进意见，听得进别人的批评，并有自我批判精神，才可能走向更大的成功，这也是华为一贯坚持的价值观。

华为的员工要想进入干部队伍中，还有一个必要条件，就是绩效成绩要好。这也是华为员工成长和发展的唯一目标。绩效是一个分水岭，华为对每个人都是以结果论英雄的，不搞相马而搞赛马，不断促进干部队伍赛马文化的形成。对于那些优秀的干部，虽然短期内可能无法识别出来，但从长期来看，华为绝不会让"雷锋"吃亏，坚持以绩效来考核和评估干部。

为了督促领导干部在绩效考核中形成履责意识，任正非自己也以身作则，以华为高层干部通用的考核标准评价自身。比如，在 2002 年，任正非在干部考评中就给自己在劳动态度上的评价是 C，原因是他觉得自己在责任心和奉献精神上出了问题，而让他产生这种自我评估的原因是两件事。有一次，他答应要见一个客户，但因为太忙忘记了，这件事让他觉得自己的责任心出了问题。还有一次，他答应接见一个从外国赶来的客户，结果因为家中临时有事，他没能亲自陪客户吃饭，这也让他觉得自己缺乏为企业奉献的精神，难以肩负起推动企业向前发展的职责，因而也无法在绩效评估中拿到高分。

2004 年，任正非在华为的工作会议上指出：华为的干部要肩负起绩效评价顺利执行的职责，不能根据个人喜好和偏见来评价员工，而应以科学的绩效评价指标作为标准，保证员工的绩效与内外部客户的价值相连接，保证员工能够持续地为客户创造价值。

当然，绩效只是事后的指标，业务结果如何，关键是选拔什么样的干部去做事。用对了干部，让干部在自己的岗位上真正发挥能力，那么管理大概率是会成功的。所以，在华为看来，干部的能力也十分重要，是关键的成功要素。

以上四个维度，构成了华为干部管理的四个标准。对于那些品德好、认同公司核心价值观、绩效优秀、有管理能力的人，华为会进行重点培养和大胆提拔。除此之外，敬业精神、奉献精神、责任心、使命感等，也是衡量一个干部是否合格的重要标准。由此也可以看出，华为并不单纯地以一个人的能力、绩效等作为评价干部的唯一标准，而是秉持着灰度思维，从多个角度考察和评价干部。

灰度领导力，每个干部的必备素质

一直以来，任正非都将灰度思维作为干部的领导力和经营管理能力的重要内容，同时也将它作为选拔干部的重要标准。在《灰度领导力，管理者的必备素质》一文中，任正非便系统地论述了他对"灰度"的理解以及灰度领导力的基本内涵。不仅如此，任正非还将其中的核心思想多次在华为内部进行宣讲。

"一个领导者重要的素质是方向、节奏。他的水平就是合适的灰度。坚定不移的正确方向来自灰度、妥协与宽容。一个清晰的方向，是在混沌中产生的，是从灰度中脱颖而出的。方向是随时间与空间而变的，常常又会变得不清晰，并不是非白即黑、非此即彼的。掌握合适的灰度，可以使各种影响发展的要素在一段时间和谐，这种和谐的过程叫妥协，这种和谐的结果叫灰度。"

在任正非看来，公司中的干部、管理者要处理好与其他部门的关系，还要处理好与员工的关系，甚至要调和好员工之间的关系。在这些工作中，能否利用灰度思维、灰度哲学处理好彼此的关系，就反映出了干部的领导能力。

因此，华为要求干部、管理者要宽容，并能够保持开放的心态，这是掌握好灰度管理必须坚持的思维。干部、管理者经常是做决策的那个人，如果对灰度思维了解不够、运用不够，就无法审时度势地做出正确的决策。正如任正非在2015年与法务部、董事会秘书及无线员工的座谈会上所讲的那样："如何理解开放、妥协和灰度？不要认为这是个简单的问题。黑和白永远都有固定的标准。什么时候深灰一点？什么时候浅灰一点？领袖需要掌握好灰度。"

在企业当中，上下级之间、同级之间，都很容易产生矛盾和分歧，这就需要干部、管理者、上级能够把握好灰度，用灰度领导力和适中的方式解决矛盾、处理问题，让下级能够沿着正确的方向执行任务。在任正非看来，一个领导人应该具备的重要素质就是确定方向和节奏，他的水平也体现在能够把握合适的灰度上，善于用灰度思维和灰度哲学来解决问题。

在任正非看来，"灰度"只是一个词语，但他要借助这个有哲学意味的词语来表达自己的管理思想。在本质上，他是为了解决华为的管理问题，防止华为干部在管理时陷入极端。他提倡的是一种系统的思想和辩证主义的思想，信奉"合二为一"，而不是黑白对立。关于这一点，在早年的《华为基本法》中就有一些标志性的要点：均衡发展，就是抓较短的那块板；对事负责与对人负责是有区别的，一是扩张系统，一是收敛系统；要创新，但不要盲目创新；面对变革要有平常心；尊重知识，尊重个性，但要集体奋斗，不迁就有功的员工；我们的文化，不仅包含知识、技术、管理、情操，还包含了一切促进生产力发展的无形因素。

从以上内容可以看出，《华为基本法》中充满了这样的句式："既要……又要……""不仅包含……还包含……"这都体现了一种既对立又统一的辩证管理思想。

有人将称职的领导者的胸怀比喻成垃圾处理厂，意思是领导者要有广阔的胸怀，善于倾听员工的意见，并能够对所听到的信息进行有效的收集、分类和加工。在这个过程中，往往就没有绝对的黑与白、对与错，各种信息与观点不但需要相互转化、相互渗透，还需要相互促进、彼此激发，最后涌现出超越黑与白的灰度思维。因此，灰度哲学所倡导的领导理念并不是不分黑白和没有原则地和稀泥，而是既能了解黑与白所代表的事物的两个极端，又能超越极端，做到"叩其两端而执其中"。这样才能根据情况的变化适时调整策略，找到最适合解决问题的"黄金中道"。

华为一直要求干部、管理者要宽容下属，认为领导干部只有放下是非黑白，才能海纳百川、心存高远。华为提倡要"砍掉高层的手脚"，就是让干部、高层管理者都学会把握灰度，掌握灰度领导力，并以此洞察人性，理性地处理工作中所要面对的各种矛盾关系。

在这个过程中，即使干部自己犯了错，在处理干部时，华为也一直采用灰度和宽容的方式——在明处高高举起拳头，在私下轻轻地放下安抚；既不对他们一棍子打死，也不对他们放任纵容。简而言之，对事情旗帜鲜明，但对人要宽容妥协。这也是华为要求每一位干部都必须具备的管理素养。

"狼狈原则"——干部配置的有效组合

企业在经营过程中，干部是连接各个组织的核心节点。华为一直提倡和呼唤"李云龙式"的干部，敢于亮剑、敢于拼搏、善于取胜。战争的目的是什么？是胜利。华为经营的目的是什么？也是胜利。而胜利的保障，就是拥有一支面对困难仍然敢于勇往直前的铁军。

然而，"李云龙式"的干部本身是很矛盾的：他们具有很强的业务能力，但常常会突破规则、不守纪律。在前进与完美之间，干部永远不可能十全十美。所以，华为的干部培养与管理恰恰体现出了抓主流的灰度，也就是看干部的主流表现。

华为一直高度关注干部的管理工作，并提倡将合适的人放在合适的位置上。干部有不同的类型，有的干部属于攻击型，适合开疆拓土；有的干部适合精细化运作，但无法承担前方的拓展任务；还有的干部适合在基层领导具体的业务，让他们跳出来考虑全局，他们可能做不到。

在这一方面，华为有一个很好的原则——"狼狈原则"：将干部的正职定位为"狼"的角色，将副职定位为"狈"的角色。

狼具有攻击性，很适合当一把手。这类干部需要具备狼的特性，具有敏锐的嗅觉、强大的进攻意识和团队合作精神，并有快速拿下目标的能力，是开疆拓土不可或缺的力量。

狈在传说中是狼的近亲，前腿短，后腿长，而狼正好相反，后腿短、前腿长，因此狈每次出行时都要依靠狼，把它的前腿搭在狼身上才能行动，否则就寸步难行。但这类人具有执着坚持的态度、严谨缜密的思维和细致认真的习惯，是稳固后方必不可少的能量，所以很适合做二把手，也就是负责精细化运作，将狼捕捉来的猎物守住并运作好。

这种组合也被称为"狼狈组织计划"，是华为工作哲学的精髓之一，也是华为干部配置过程中的一种有效组合，华为会根据组织不同的发展状态配置不同类型的干部。当一个部门重新开始挑战输出的时候，就要配置那些具有攻击性的干部，这样才能快速在市场竞争中撕开一个缺口。

早在 1999 年，华为进军俄罗斯市场时，曾先后换了四任分部总裁，都没有拿下俄罗斯市场。直到 2005 年，华为派出第五任分部总裁前往俄罗斯，继续开拓俄罗斯市场。这一次，华为干部团队充分发挥了"狼性"精神，从卖出第一根光纤开始，终于实现了零的突破。从这以后，华为在俄罗斯市场便正式进入了全面发展的时代。不到 3 年的时间，华为就做到了几亿美元的市场收入，充分体现了选对开拓型一把手的重要性。

与之相对应的，华为英国代表处的干部就属于"狈性文化"、精细化运作干部的典范。他们在精细化运作方面做得很好，因此很快就被公司提拔，负责精细化运作。华为对这一点也非常推崇，鼓励精细化运作，但同时强调，各代表处要根据不同情况来运作。英国代表处已经做得很成熟了，因此在市场上要讲究利润、讲究现金流；对于从 0 到 1 的突破，像俄罗斯那种情况，就要努力开拓市场，而不是坚持精细化运作。

除此之外，华为还提出，一个部门的正职和副职也应该是"狼狈组合"。任正非曾说："如何选好部门正职与副职，正职与副职是否可以有不同的培养标准与选拔标准？我认为，副职一定要精于管理，大大咧咧的人不适合做副职。副职一定要通过精细化管理来实施组织意图，这就是狈的行为。正职必须敢于进攻，文质彬彬、温良恭俭让、事无巨细，而且越抓越细的人，是不适合做正职的。正职必须清晰地理解公司的战略方向，对工作有周密的计划，有决心、有意志、有毅力，富有自我牺牲精神，能带领团队不断实现新的突破，这就是狼的标准。"

与此同时，在日常的工作协作中，"狼狈组合"也值得鼓励。任正非说："我们年轻人不仅要有血性，也要容许一部分人温情脉脉，工作慢条斯理，执着、认真，做好'狈'的工作，'一切为了胜利'是我们共同的心愿。这就是'狼狈'合作的最佳进攻组织。"但是，由于性格特质的差异，不是所有人都能成为"狼"，因此如果能成为一只优秀的"狈"，也是一种不错的选择。优秀的"狈"不但可以承担副手的角色，还应该具备财务管理、市场营销、人力资源等方面的知识，这样才能在企业中做好精细化管理。

总而言之，没有完美的干部，但可以有完美的团队，关键就在于干部优势的互补。华为的"狼狈原则"便很好地诠释了干部队伍如何进行优势互补，从而做到人尽其才、才尽其用。

好干部也需要约束和制衡

　　在很多企业当中，对于干部的提拔和任用要么搞民主推荐，要么搞竞聘。对于民主推荐，一般是谁获得的支持票数多，谁就获得提升，这就可能导致出现参选人员四处拉票的情况，丧失公平性和客观性，也难以选拔出真正优秀的干部。对于竞聘制，一般是公司先把竞聘岗位发布出来，参加竞聘的人员通过竞聘演讲、评委打分等方式，最终决定是否能得到聘用。竞聘制的优点就在于职位公开、透明，但缺点是对参选人员的表达能力等要求较高，对于一些不善于在公众面前侃侃而谈但确实有才能的人来说就不够公平。

在华为内部，干部的选拔既不搞民主推荐，也不搞竞聘，干部也没有固定的任期，华为的干部管理运用的是三权分立机制。

所谓的三权分立，其实是华为内部推行的一种干部权力约束与制衡机制，尤其在干部的选拔和任命上更是如此。这三种权力分别为建议权、评议权和否决权。其中，建议权由直接管辖部门行使，该部门管理团队有提名干部的权力；评议权由人力资源部门行使，主要对提名干部进行审核、评议；否决权则由党委组织行使，主要对提名干部有建议否决的权力。由于三种权力分别由三种不同的组织行使，因此既可以互相补充，又能够互相制衡，避免了干部选拔时的"一言堂"，从而对干部进行全面考察，防止干部在体系内板结，形成"站队"的风气。

在行使建议权时，直接管辖部门可以在日常工作中很好地发现优秀员工，甚至可以通过对员工的长期观察，再根据公司具体适合的职位来提名干部。华为所实行的是集体领导，在组织架构当中有两个集体领导的委员会，一个是行政管理团队（AT），一个是经营管理团队（ST）。其中，行政管理团队主要由具有丰富管理经验的业务一把手和一些下级部门的资深干部组成，他们的日常工作就是选拔干部，如干部提名、如何任用等；经营管理团队则主要对公司业务经营进行决策，如公司业务的发展方向、流程如何优化，以及公司发展如何变革等。两个集体领导委员会共同运作，目的就是确保公司的领导层不是单一的首长制，而是集体领导制，因此对干部的提名也是集体建议的结果。

评议权由华为的人力资源部门行使。对于提名的干部，绩效表现是分水岭，所有提名的干部都要有好的实践结果，公司不是按一个人的知识来确定其绩效的，而是以其所拥有的知识贡献度来确定其绩效。评价一个人是不是适合担任干部职位，不仅要看个人素质这个软标准，还要客观地评估他的工作绩效与结果。

与此同时，干部还有传承文化和价值观的责任。华为多年来一直强调："资源是会枯竭的，唯有文化才会生生不息。"在华为的价值观中，以客户为中心，以奋斗者为本，长期艰苦奋斗，坚持自我批判等，也都是干部选拔和任用的基础。这一点同样是人力资源部门对提名干部进行评议的内容。

否决权则由代表公司全局利益的跨部门委员会和对思想品德进行把关的党委组织行使。华为的党委与普通企业的党委不同，华为的党委更多的责任是支撑企业业务发展。它属于华为的文化部门，主要处理在干部提名、评议和任命公示过程中的各种问题，如实名举报等。当举报被受理后，党委会开展有针对性的调查，如果调查属实，党委就会对该提名干部行使否决权，通过否决权的过滤作用，让优秀干部浮上来。与此同时，党委还会再通过弹劾权，将在行使否决权中遗漏的不称职的干部再次否决。

在以上三权的程序完成后，还需要再经过一次公司层面的审批。除了区域管理办公室，华为所有的干部任用都要经过公司总干部的最终审批。

三权分立制度奠定了华为任用干部的基础，在干部的任用过程中起到了很好的约束和制衡作用，防止了某一组织或个人的独裁与专制，也防止了干部拉帮结派现象的发生，保证了干部任用时的客观性和公平性，也保证了组织管理上的稳定。基于三权分立制度设置的干部监察机构，也在一定层面上建立了管理的威慑系统，使干部既可以放开手脚开展工作，又不会轻易越轨。正如任正非所说的那样："三权分立是为了使合理性增加一点，而不是说三权分立就一定能做到合理。经营团队强调一个价值标准，就是责任结果导向（不是素质导向），责任结果导向并不是以销售合同为中心的，怎么评价责任结果，看各级组织的管理水平。"

2018 年 3 月，在华为发布的《华为公司人力资源管理纲要 2.0 总纲（公开讨论稿）》中，对之后的干部管理任用机制又提出了新要求："公司干部管理团队要逐步摸索与实施基于'干部管理权与使用权分开''两层管理，三层审结'等干部任用与评价管理体系的优化与完善，既要抓住高层关键干部任用及干部资格管理的牛鼻子，也要尊重用人部门的中基层干部建议或推荐权，以及在具体工作中的评价权，从而引导更多的干部奔赴实战，在实践中接受考验。"

由此可见，华为的三权分立机制在实际应用过程中也在不断优化和发展，根据华为的战略与业务考量，持续适配，以便可以更好地约束和制衡干部，达到公司的管理需求。

高层干部要遵循"之"字形发展

我们经常会在企业中看到这样的现象：一个干部在一个固定组织中做的时间很久、很好，但当他突然离开这个组织后，原来的组织就像突然失去大脑和中枢神经一样，变得无序和无法运作。这就是典型的"能力在个人身上"。

为了避免这种情况发生，就要让企业当中的干部定期流动，让干部在企业内不同组织中工作、奉献和成长，将他个人的思想、经验和精神面貌带入不同的组织，使优秀的思想和成功的管理经验在不同组织之间流通。就像任正非所说的那样：一定要加强干部的大循环，只有在循环中才能提高、才能传播。

与此同时，在企业的经营和工作当中，山头林立、干部腐败、队伍板结等，也会严重制约企业的发展。比如，某个干部在一个部门干了很多年，该部门中的下属很可能都是他个人的心腹，整个组织也可能会变成干部的"雇佣军"。还有一些干部，管理团队方式粗暴，虽然将下属管得服服帖帖，但让队伍丧失了战斗力，这与整个公司的发展战略必然是相悖的。而干部流动正是为了打破这一局面、解决这些难题，防止腐败和一手遮天，将业务问题提前暴露出来，以免影响企业的正常运营。

与以上这些现象不同的是，在华为的高层干部当中，有一种"之"字形职业发展路径。具体来说，华为的干部平均每3年便进行一次岗位调整，要求干部具有跨部门经历，不是只熟悉和管理自己的业务，还要去了解和熟悉其他部门的业务。比如，搞研发的干部每隔3年可能要去市场、去供应链、去采购部门担任领导，经过多个业务领域的历练，其综合管理素质、对业务及端到端流程的理解都会逐渐深刻。这样一来，这名干部的工作经历和经验会更加丰富、视野更加开阔，思考问题也会更多地从全局考量，能做到端到端、全流程地思考问题。这种"之"字形模式可以培养出更多优秀的、有视野的、意志坚强的管理干部。

不仅如此，华为还把干部的选拔和管理问题提升到战略层面。华为CFO孟晚舟在一次与清华大学学生进行思想对话时曾提到，华为的人才观之一就是"跨越专业边界，实现人才循环流动"。她说道："未来世界的创新点将越来越多地出现在边缘科学上，因此，我们也在培养跨界的人才。在华为，我们的人才培养机制是打破专业界限、打破岗位界限的，通过人才的有序流动、跨岗轮换，培养面向未来的'之'字形人才。"

当然，"之"字形成长并不意味着要严格地一级一级提升，有过成功经验的"连长"可以直接提拔成"团长"，有过成功经验的"团长"也可以直接提拔为"军长"，而没必要一定经过营级或师级。在华为看来，只要带过了一个团，放在"军长"的位置上也只是放大了而已。

在华为，"之"字形成长路线主要分为两个方向，一个是技术人员的"之"字形业务成长，如研发人员去往生产、服务、中试等岗位，以便增加对公司产品的深入理解，有利于产品的市场化运作；另一个是干部的"之"字形职务成长，即中、高层干部的职位在一定体系范围内发生变动，这样有利于优秀干部快速成长，同时也能将优秀的管理技巧传播到各个部门，从而促进企业的均衡发展。

与此同时，技术人才与干部人才也可以在"之"字形成长的过程中不断积累实践经验，提升自身的知识与业务宽度，并可以有效加深对企业的了解，对公司发展方向也能拥有更加清晰的认识，这不仅对华为的经营是一大利好，对人才自身成长也是有百利而无一害的。从另一个角度来说，干部的"之"字形成长也增强了干部的流动性，避免了原地提拔干部而可能造成的腐败等现象。

任正非也一再强调干部和人才流动的重要性，并要求不拘一格地从有成功经验的人中选拔优秀专家及干部，推动"有视野的、意志坚强的、品格好的干部"走向"之"字形成长的道路，培养大量的帅才和将才。他说："一个地区成功了，抽调干部去另一个地区支持那里的战斗，让成功经验在全球范围内高效复制和推广。""我们要推动队伍循环流动，进一步使基层作战队伍的各种优秀人员在循环过程中，能够流水不腐，形成整个公司各个层面都朝向一个胜利的目标努力前进和奋斗。"

华为主张"不能捂住干部"，用华为轮值 CEO 郭平的话来说，"捂住的干部是不稳定的，只有在流动的过程中才能发现人才"。所以，归根结底，华为干部的职业发展通道就是在流动中发现人才。

当然，华为干部的循环流动都是根据业务需要而进行的，并不是为了流动而流动。比如合同业务，只需要少部分能够跨全球使用，但要求多数人能够跨区域使用。为了培养一支有实战能力的队伍，华为便执行干部循环流动制度。正如任正非所说："华为只会给那些可能上航母当舰长的人进行循环流动，其他员工一般不需要跨区域工作的经验，也不需要流动。所以，不是为了干部成长去流动，而是你成长了，就给你流动的机会。"

华为也不允许干部只在某个部门或系统里面循环，尤其是中、高级干部，而是由华为总部统一管理，这样就能保证干部跨领域、跨体系地进行调配。而且，华为干部的能上能下也是彻底的能上能下，岗位发生变化后会易岗易薪。华为每年还会对干部进行末位淘汰制，高层干部也同样需要遵循这一制度，这在华为都是强制执行的。

华为成长法则：末位淘汰制

"末位淘汰"一词，最早来自通用电气公司前 CEO 杰克·韦尔奇，他曾经在通用电气内部大力推行末位淘汰制度。在通用电气，每年各级经理都要对自己部门的员工进行严格的评估和区分，从而产生 20% 的明星员工（A 类）、70% 的活力员工（B 类）和 10% 的落后员工（C 类），通常表现最差的员工都必须走人。这样一年接一年地区分与淘汰，便提升了整个组织的层次。这也是杰克·韦尔奇所称的"造就一个伟大组织的全部秘密"。在杰克·韦尔奇的领导下，通用电气的年营业额从他上任之前的 250 亿美元成长到 1400 亿美元，公司市值也从 120 亿美元增至 4100 亿美元，令通用电气成为全球市值最高的公司之一。

任正非十分认同杰克·韦尔奇的管理理念，因此在 1996 年，华为也提出"末位淘汰"的理念，并从 1999 年开始正式实施。但当时华为提出的"淘汰"并不是真正意义上的淘汰，而属于"下岗培训"，处于末位的员工在经过培训之后，可以再次到新岗位上去应聘。也就是说，在真正的淘汰之前，华为会再给员工一次上岗机会。如果员工经过培训后，能够在新岗位上做出成绩，华为会给予员工新的发展机会。在这种情况下，一些经过"下岗培训"的员工通过自己的努力被提拔为基层干部。

华为的末位淘汰制真正开始实施是在 2002 年之后，当时华为是要对长期不在状态的干部进行末位淘汰。但华为推行的末位淘汰制度也不是以一刀切的方式淘汰干部，而是根据干部的工作情况、业务能力等，重新调整干部的工作岗位和工资待遇，让干部可以在新的岗位上重新发挥自己的能力。等到他们能够担起重要职责时，华为再将他们调回原来的岗位，甚至还会给予他们升职的机会。

在华为看来，公司实行末位淘汰制的目的并不是淘汰员工，而是要激发员工血性、激活组织活力和优化干部队伍，调动员工的工作积极性。因此，华为从来没有把末位淘汰制当成是裁员的手段，而是作为长期执行的激活机制，鞭策员工时刻保持饱满的工作激情。

任正非曾经在一次重要的内部讲话中指出："每年华为要保持 5% 的自然淘汰率。"在任正非看来，通过淘汰 5% 的落后分子，可以促进全体员工努力前进，让员工更有危机感和紧迫意识。员工为了不被淘汰，就必须不断调整自己、提升自己，以适应公司的要求和发展形势。这种能上能下、有进有出的竞争机制也给华为带来了活力。

2019 年，任正非在华为总干部务虚会议上发表了《改革，就是必须用自身的风险，去换取无穷的战斗力》的讲话，提出要坚持战略领先，去除平庸，打造能打胜仗的干部队伍。

任正非说："我们的目标是胜利，唯有靠优秀的干部队伍。如果干部队伍不优秀，是一定会被打垮的。干部队伍的整改若没有达到目标，就不能保证业务部门的整改达到目标，那么我们就可能满盘皆输。有人说，我们战斗到最后一滴血，那是苍白的、是没有用的，唯有胜利才是真正有说服力的。为了胜利，只有激发这个队伍。有一个名人说：堡垒是最容易从内部攻破的，堡垒从外部被压力加强了。现在我们公司更加团结了，战斗能力更强了，改革的阻力减小了，实际上是外部压力给了我们机会，我们要借此机会把自己变得更强。管理部门的责任一定是首先选出优秀的员工，选出英雄来，选出领袖来。去除平庸不能简单地拿员工来凑数。我们再次强调，没有平庸的员工，只有平庸的干部，去除平庸的关键在于去除平庸的干部，尤其是平庸的AT（行政管理团队）成员、平庸的AT主任。"

2019年6月18日，任正非又在干部管理工作汇报会议上讲话说："抓紧时间精兵简政，加快干部专家破格提拔步伐，加快对平庸干部的淘汰。淘汰从机关开始，从高级干部开始，从一层AT开始。"

华为认为，无作为的干部比不干活的干部更具破坏性，因为他牵制了五六个相关岗位的效率，故而要坚决从管理岗位上拿下来。华为始终坚持"以客户为中心，以奋斗者为本"的核心价值观，强调不奋斗就没有出路。华为想要前进，就必须坚持末位淘汰制，将那些不合格的干部调整到合适的岗位上。并且，要格外注意的是，在实施末位淘汰制时，不能平时不关注，年底搞运动。换句话说，末位淘汰制要静水潜流，持续开展。

为了贯彻这一制度，华为规定：连续两年绩效达不到公司要求的部门或团队，不仅一把手要降职，全体下属干部和员工也要负连带责任，而且对不合格干部的末位清理绝不只是停留在基层主管层面，对于不合格的中、高层干部同样要采取措施，实行末位淘汰。每个层级不合格的干部，末位淘汰率都要达到10%；对于未完成年度任务的部门或团队，干部的末位淘汰比例还可以适当提高。这种不合格干部清理和员工末位淘汰要形成制度和量化，并立足于绩效，坚决以数据说话。

　　在实施末位淘汰制的过程中，华为的大部分干部能够积极表现。尤其是后进干部，想要摆脱现在的困境，就只能向中层干部行列挤，这就给中层干部带来了巨大的危机感。如此一来，不论是处于中层的还是后进层的干部，都要时刻保持战斗力，创造更多的业绩，保住自己的职位。而干部队伍也通过这样的方式，调动了工作热情，奋斗的干部多了，企业发展自然也越来越好。

轮值 CEO，干部没有终身制

华为的轮值 CEO 制度是从《会飞的水牛》（*Flight of the Buffalo*）一书中获得的灵感。在这本书中，作者探讨了迁徙鸟类是如何飞越大西洋的：它们像大雁一样，候鸟群会排成"人"字形队伍，由头鸟带领着整个队伍。但是，带头飞行的并不一直都是同一只鸟，而是由一群鸟轮流带领整支队伍飞越海洋，队伍中的每一只鸟的位置都会发生变化。

华为从这本书中受到启发，从 1998 年开始，华为便邀请以 IBM 为代表的国际咨询顾问公司帮助自己进行组织能力的建设工程。在组织系统搭建的过程中，为了逐步摆脱公司对任正非个人的高度依赖，并在实战过程中考察、培养和选拔接班人，2003 年下半年，任正非在 IBM 顾问的建议之下，建立了 EMT。该团队由 8 位 EMT 成员集体决策，轮流出任主席，每人任职半年。

相对于过去"一言堂"的决策模式，EMT 可以更加有效地整合华为核心层的不同想法，最大限度地保证决策的基本正确。EMT 会议不仅是 8 位成员参与，还可以根据实际需要，让与决策议题相关的其他主管及专家列席，从而在保证决策效率的同时，最大限度地实现群策群力。

在 EMT 运作形成了成熟的高层轮值机制之后，2011 年，随着华为接班人问题的日益突显，同时也因为华为在管理上的不断探索、改善，华为又开创性地提出了轮值 CEO 制度，即选出 EMT 核心成员中的 3 位，轮流来担任公司的 CEO，每个人任期为 6 个月。

对于轮值 CEO 制度，任正非说："华为过去的传统是授权于一人，因此公司命运就系在这一个人身上。成也萧何，败也萧何。非常多的历史证明，这是有更大风险的。轮值 CEO 制度是指授权一群聪明人做轮值 CEO，让他们在一定的边界内，有权力面对多变的世界做出决策。轮值期结束后并不退出核心层，就可以避免一朝天子一朝臣，使优秀员工能在不同的轮值 CEO 的领导下持续在岗工作。一部分优秀的员工使用不当的情况不会发生，因为干部都是轮值期间共同决策使用的，他们不会被随意更换，这样可以使公司持续稳定地发展。同时，受制于资本力量的管制、董事会的约束，又不至于盲目发展，也许是成功之路。"

第一届轮值 CEO 由 3 位副董事长——郭平、胡厚崑和徐直军轮流担任首席执行官一职，每 6 个月轮换一次。轮值的 CEO 在轮值期间，作为公司经营管理与危机管理的最高责任人，对公司的生存发展负责。轮值 CEO 还负责召集与主持公司 EMT 会议，在日常管理决策过程中，对履行职责的情况及时向董事会成员、监事会成员等通报。与此同时，任正非也保留华为 CEO 的职务，对董事会的决定有否决权，以守住华为的业务边界与核心价值观。

由于华为的轮值 CEO 是由一个小团队组成的，每个人的视野和见解都存在差异性，因此可以帮助华为不断地快速适应环境的变化。与此同时，通过轮值 CEO 制度的实施，华为的经营管理决策便由轮值团队共同做出。这种集体做出决策的方式可以使轮值人员在决策时能够平衡全局利益，更加全面地考虑行为的后果和解决方案，这就在一定程度上很好地避免了"成也萧何，败也萧何"的窘境，不会将公司经营管理的成败系于一人，同时也避免了干部终身制，减少个人专断、失误带来的公司僵化问题，以保证公司决策的合理性和方向的正确性。

华为的轮值 CEO 制度，其实就是华为的权力分享机制，这也符合华为人才培养机制中的"赛马不相马"，通过淘汰机制来选拔出真正有能力的干部。实际上，华为所有的管理岗位都是赛马文化，每年坚持管理干部10%的淘汰率，并且每个管理干部一般3年就轮换一次，以避免干部懈怠和专权，从而使组织始终充满活力。

轮值CEO在任期结束后，会回归EMT、董事会当中继续担任自己原来的职位，并依然对公司决策有着很大的权力和权威性。同时，他们身上的使命感和责任感也不会随任期的结束而结束，他们会继续参与公司的集体决策，并为自己的下一次轮值做进一步的准备和行为改善。在这个过程中，除非轮值CEO发生原则性的错误或年龄偏大，否则基本不会离开核心决策层。对于公司的重大事项，他们也共同决策，这也是轮值CEO与核心管理人员相互取长补短的过程，从而实现核心管理层的整体进步。

实践证明，华为的轮值CEO制度既可以为华为培养领导者，又可以避免个人长期"执政"造成决策极端化和山头主义，这也是华为灰度管理哲学的体现。这种制度不同于其他企业的管理制度，它既有对其他企业管理制度的借鉴，又有华为自己的管理特色。

对于这种制度，任正非曾说："轮值的好处在于，每个轮值者在一段时间里担负着公司CEO的职责，不仅要处理日常事务，而且要为高层会议准备文件，这大大地锻炼了他们。同时，他也不得不削小他的'屁股'，否则就得不到别人对他的决策的拥护。这样他就能将自己管辖的部门带入全局利益的平衡，公司的山头无意中在这几年被削平了。每个轮值 CEO 在轮值期间都奋力地拉车，牵引公司前进。他走偏了，下一任的轮值 CEO 会及时纠正航向，使大船能早一些拨正船头，避免问题累积过重得不到解决。"

在华为，终身制的干部是没有的。不论是企业的 CEO，还是其他干部，都以业务战略为核心，根据干部标准进行选拔、任用、评价和发展，以确保为公司提供持续发展的合格干部，提升公司团队的整体战斗力。

延伸阅读 ▶▶ 企业领导要学会做"无事人"

　　做一个"无事人"，这是任正非历经多年总结出来的道理。

　　40多岁被裁员，又和妻子离了婚，拿着东拼西凑借来的2万余元创立了一家小公司，这时的任正非几乎到了山穷水尽的地步，然而人生就是如此奇妙，当黑暗越来越浓时，黎明或许就在眼前。华为成立之后，陆陆续续涌入了一大批人才，任正非不得不感慨，知识的更新速度太快了，快得让他没有学习的时间。他必须承认："在时代面前，我越来越不懂技术，越来越不懂财务，半懂不懂管理。如果不能民主地善待团体，充分发挥各路英雄的作用，我将一事无成。"

　　自此，任正非领悟了一个道理：做领导，应该学会做一个"无事人"。面对这个充满了不确定性的世界，自负或者自卑都是无用的。你该怎么办？你得相信群众是真正的英雄。你要敬畏每一个员工无穷的潜能，你得敬畏团队巨大的能量。在父亲的帮助下，任正非从简单朴实的爱出发，实行了一套经济股份分享制度，来激发每一个一线员工的积极性和主动性。

几年以后，公司又出台了《华为基本法》。《华为基本法》对公司过去的成功经验进行了总结，同时确定了华为二次创业的观念、方针和基本策略，构筑了公司未来发展的宏伟架构。但是光有《华为基本法》还不够，还需要更具体的管理体系。于是，华为又请来了IBM等公司，帮助华为进行休制和流程建设。至此，任正非成了一个"无事人"。

一直以来、华为的改革能力都是非常强的，这离不开华为独创的轮值制度。华为的轮值制度，经过了三个发展阶段。

1. 2004—2011年，轮值COO（EMT轮值主席）

1999年，华为内部通过任正非推举、公众投票的方式，正式任命孙亚芳为董事长，任正非把公司对外交往、公共关系等担子卸下，集中精力做企业内部管理，获得了很好的效果。但是很快华为出现了意外状况，李一男出走，郑宝用淡出管理层，任正非开始思考团队管理企业模式。任正非在文章中回忆说："大约2004年，美国顾问公司帮助我们设计公司组织结构时，认为我们还没有中枢机构，不可思议。而且高层只是空任命，也不运作，提出来要建立EMT，我不愿做EMT的主席，就开始了轮值主席制度，由八位领导轮流

'执政'，每人半年。"

2. 2011—2017 年，轮值 CEO

轮值 CEO 制度是华为的一项创新，初创于 2011 年，轮值主席制度经过两个循环，变成轮值 CEO 制度。轮值 CEO 在轮值期间是华为公司最高的行政首长，更多的是关注公司的发展战略，进行制度建设。并且将日常经营决策的权利进一步下放，授权给各 BG、区域，以推动扩张的合理进行。轮值 CEO 制度确定之后，一直延续到现在，对华为的发展起到了非常重要的作用。

3. 2018 年至今，轮值董事长

2018 年，华为在原有的管理制度的基础上，将管理模式再次升级，开启了轮值董事长制度。轮值董事长的任期为 5 年，参与轮值的每一位董事长的任期为 6 个月。华为官网上公布的管理层信息显示："董事会是公司战略、经营管理和客户满意度的最高责任机构，承担带领公司前进的使命，行使公司战略与经营管理决策权，确保客户与股东的利益得到维护。公司董事会及董事会常务委员会由轮值董事长主持，轮值董事长在当值期间是公司最高领袖。"

从轮值 CEO 到轮值董事长，华为通过一步一步的改革，

将自己打造成了一家集体决策的公司，绝不允许"一言堂"的出现。

《道德经》中，老子提出了"道常无为，而无不为"的理念，任正非的"无事人"也是同样的道理。无为并非什么都不做，而是要遵循企业管理的规律，尊重人的个性。无为管理并不是不管理，而是管理系统达到了有序，形成了规律，成为一种自然而然的管理状态。有所为有所不为，是一种独特的思维方式。要达到无为而治的境界，要求企业的管理者与被管理者的思想意识必须达到高度统一，并且在工作中有着较强的责任心。

世界著名管理大师彼得·德鲁克说："我们无法左右变革，我们只能走在变革的前面，变革是无法避免的事情。"作为企业的管理者，必须对企业进行不断变革，才能保证管理满足企业的生存和发展，华为的管理变革之路就是对这句话的最佳诠释。

从创业初期的事必躬亲，到发展壮大后的简政放权，华为一直在不断改进管理制度。任正非从华为的一把手，变成一个"无事人"，这说明了华为的管理理念：要把华为打造成一家现代化的企业，而不是只属于任正非个人的商业帝国。

第六章

薪酬体系：
分配是目的，分钱是艺术

人性的本质是"不患寡而患不均"，分配是最能体现灰度艺术的。华为的薪酬体系不但强调分配的目的，更强调分享利润的艺术。任正非曾说："华为公司发展到今天，我没做什么实质性的贡献。如果一定要说有什么贡献，那就是在分钱的问题上我没有犯大的错误。"

灰度分钱：既谈理想也谈钱

在华为，公司对员工不但谈理想、谈价值，更是会直接谈职位、谈钱。华为认为，员工在企业里工作，追求职位晋升和加薪是出于人性的正当需求，而好的体系可以让员工主观上为自己挣钱，客观上为公司挣钱。正是出于对人性的深刻洞察，华为构建了卓越的人力资源管理理念：管住人性的恶，构筑起制度的善。

不论在哪种场合，任正非都从不忌讳跟员工谈钱，他甚至直接说："要给员工分足够多的钱，他一个人就能让全家过上优越的生活，只有这样，全家人才会叮嘱他好好干。员工带着全家人的期望和重托工作，自然就有干劲了。"华为的人力资源管理也从来不避讳谈如何让员工赚更多钱的问题，反而会在新员工入职培训中开宗明义地讲到，在华为改变命运的途径有两条：一条是奋斗，另一条是贡献。

简而言之，不论是任正非，还是整个华为公司，都认为员工喜欢钱不是问题，公司可以为员工提供通过奋斗和贡献赚大钱的机会。只要员工肯奋斗，能够为公司创造价值，公司也一定会给予员工丰厚的回报。所以，在华为，30多岁的小伙子就有机会参与联合国国际电信联盟的专家会议，并可能成为某个小组的主席；华为终端董 BG 事长余承东，在华为获得了巨大的施展才华的舞台，成为世界第二大终端电子消费品公司的掌舵人。同样，这些人每年也都可以拿到丰厚的薪资、奖金、股权。这些机会，任正非一向都会大度地给予奋斗的人、能够为公司创造价值的人。

华为人几乎都知道任正非说过的这样一句话："钱给多了，不是人才也变成人才。"事实上，企业对员工最有效的激励方式之一就是分钱。

对于很多企业来说，激励员工是一个难题，如何分好钱也很考验企业老板的智慧。在华为，分钱处处都体现着灰度哲学，但这种灰度不是说要做老好人，让大家不做区分地吃大锅饭，让每个人都尽量满意，相反，华为是一定要区分出奋斗者的。对于奋斗且有优秀绩效的人群，华为会主张给他们"加满油"。"加满油"

就是要拉大差距，让优秀的人多拿钱。这样一来，后面的人才会前仆后继地跟上来，一起冲向战场、走向胜利。这种差异化分配，与人性中不愿拉开差距产生冲突，表面看起来像是黑与白，其实正是对于奋斗者的保护，也是对懒惰者的打击，这才是真正的灰度。

在华为的利益分配制度下，员工分享着公司赚钱的利益，也会高度关注公司的发展，并且在"高压力、高绩效、高薪酬"的良性循环与驱动下努力工作。事实上，要建立这样一个良性循环，其中最重要的一个保障因素就是拉开差距。

任正非说："薪酬激励的对标分析要提高合理性，让拉车人比坐车人拿得多。"其中，"拉车人"指的是公司的劳动者，"坐车人"指的是资本。华为承认资本对价值创造所起的作用，但华为更强调劳动者的重要性，认为他们才是为公司创造价值的主要贡献者。如果公司里没有这群"拉车人"，华为这辆大车就可能步履维艰，甚至随时有可能倾覆。

因此，华为强调在价值分配方面，必须保持劳动所得与资本所得的合理比例，就像任正非所说的："货币资本所得保持合理即可，其他利益要全部给人力资本。我们不能通过股票大量分红来过度地保障退休员工的收益，而是要切实地保障作战队伍能够获得大量的机会。"

在华为，没有贡献的人是没有资格涨工资、分配股权的，华为的激励分配政策会向组织中的绩优者倾斜，逐步打破分配的过度平衡，并强调激励资源要向一线倾斜，一线关键岗位职级要高于支撑服务岗位，一线获得更大的价值分配比重。公司还会为承担重大业务和管理责任的人员建立重大责任岗位津贴、高管奖金方案等机制，以体现出"给火车头加满油"的机制导向。

为了拉开员工之间的利益差距，华为还对传统的薪酬政策进行了改革，建立了宽带薪酬体系，即同一级别的员工，能力不同、绩效不同，拿到的工资也不同。对于这一点，任正非说："工资改革是为了合理推动公司的管理。公司应该向压力大、工作难度大、有创造性的工作倾斜。我们不能保证绝对的公正、公平，但如果采用摆平的做法，就忽略了不同人员承受的压力本身有巨大差别这个事实，对那些公司最有价值的人员视而不见，这反而是真正的不公正。"

这一点不难理解，如果事事都强调绝对的公平，公司就可能会多出很多"不打粮，光吃饭"的人，不仅成本负担越来越大，更重要的是，他们会占用公司的宝贵资源，直接降低公司所创造的价值。同时，这类人还会潜在地营造一个不够公平的环境，让更多的人不愿意付出，只想坐享其成。因此，华为强调在价值分配方面要打破平衡，拉开员工之间的差距。只有打破价值分配上的平衡，才能激发员工奋斗的动力，让企业保持活力，避免被"熵死"。

当然，华为强调"让拉车人比坐车人拿得多"，但"拉车人"当中也有一些"拉"得不那么好的人。对于这类人，华为会想办法降低他们的薪酬回报。任正非在华为内部讲话中就多次强调："分钱不是排排坐、吃果果，我们应该对'最佳角色''最佳贡献'，在'最佳贡献时间段'给予合理回报。"这也表明，对"拉车人"有区别地对待，既可以激发老员工"拉车"的积极性和能动性，也能让新员工保持冲锋陷阵的干劲，从而共同推动公司长期健康地发展。

华为不追求利润最大化

在经济学教科书中，追求企业利润最大化是一种教义般的存在。在管理学术界，学者也都将追求企业利润最大化作为管理者的职责，而现实中的企业家或管理者也都将追求企业利润最大化奉为圭臬，一些企业家或管理者甚至断然声称："企业不赚钱就是在犯罪！"在他们看来，企业不追求利润就无法生存下去。

当然，企业经营的主要目标之一就是追求利润，不管如何变换说法，利润都是一个绕不过去的话题。即使如稻盛和夫、乔布斯等企业家，作为个人可以宣称自己不爱钱，不将赚钱作为自己的志向，但不可否认的是，作为企业家或管理者，他们也必然要考虑如何让企业赚到钱。否则，因亏损而破产的日本航空公司也不会邀请已 78 岁高龄的稻盛和夫再次出山主持公司重组工作，因亏损而几乎倒闭的苹果公司也不会请回已离开公司的乔布斯再次回到苹果了。

但是，也有一些企业并不将利润最大化作为企业的经营目标，比如华为。2010 年 4 月，任正非在 EMT 办公例会上的讲话中讲道："我们公司的经营目标不能追求利润最大化，利润最大化实际上就是榨干未来，伤害了战略地位。深淘滩，低作堰，大家要深刻理解它广泛而深刻的含义。"

在任正非的这段话中，"深淘滩，低作堰"是著名的都江堰水利工程负责人李冰的治水名言，其中所蕴含的智慧和道理，要远超过治水这件事本身。任正非认为，华为想要长久地发展，就必须坚持"深淘滩，低作堰"这一准则。所谓的"深淘滩"，就是要不断挖掘内部潜力，努力降低运作成本，为客户提供更有价值的服务，而不是只看短期利益，这无异于饮鸩止渴。所谓的"低作堰"，就是要节制贪欲。未来的竞争是产业链与产业链的竞争，从上游到下游的产业链的整体强健，以及从企业内部到外部的整体协同，才是一个企业的生存之本。华为的经营之道，就是给自己留存的利润低一些，而将更多的利润让给客户、上游供应商以及在企业内部默默奉献的员工。

吉姆·柯林斯在《基业长青》一书中指出："企业应当有利润之上的追求。"对于华为来说，其"利润之上的追求"正如《华为基本法》中规定的那样："华为主张在顾客、员工与合作者之间结成利益共同体，努力探索按生产要素分配的内部动力机制。我们决不能让'雷锋'吃亏，奉献者定当得到合理的回报。合理的分配是平衡各方利益的关键，通过这种方式，可以将矛盾的对立关系转化为合作协调关系，使各种矛盾关系结成利益共同体，变矛盾为动力。"

众所周知，在华为公司，任正非所持有的股份比例是很小的。在多年的发展过程中，华为始终坚持大范围地吸纳员工入股，形成开放、共享的利益结构。华为人共同的愿景、组织的合力等，都是在利益分享的基础上构建起来的。

华为的利益分配原则也深刻地体现了任正非的灰度哲学。当把公司的利润、股权等分配掉的时候，就换来了整个世界，关键在于领导者是否有胸怀去分享，是否分享了就能换回世界，这是一门学问。人性的本质是"不患寡而患不均"，分配利益也最能体现灰度艺术，华为不追求企业利润最大化，将利益的一部分拿出来分配给企业员工，这就能大大激发组织活力，让员工更加有动力为企业贡献力量、创造价值。

在华为，全员分享企业利益的方式多种多样，年终奖、股权分红等都是最基本的方式。除此之外，比较有华为特色的是分享反腐福利与管理改进福利。

比如，在 2014 年时，华为将 26 年反腐管理改进所获得的节约奖励，一共 3.74 亿元人民币，全部发放给在职员工，每个人大约获得 2500 元。

再比如，2015 年时，华为将管理改进所获得的节约奖励，一共 1.77 亿美元，全部发放给在职员工，每个人大约获得 1000 美元。

在华为，只要是从员工身上节约下来的资金，华为会全部再反馈给员工，鼓励员工为企业创造更好的业绩，同样也为了自己能拿到更多的回报。比如，在 2012 年，华为全球销售收入达到 2200 亿元人民币，净利润达 154 亿人民币，华为所有持股的员工都获得了不菲的股票分红，其中仅年终奖每个人平均就获得了 8.8 万元。因此，华为员工的工作压力虽然大，却完全不影响华为人持续奋斗。

从客观角度来说，华为不追求企业利润最大化，将更多的利润分配给公司的员工，这一点是国内很多民营企业都难以企及的。不少民营企业的创始人和管理者也都有长远眼光，包括与任正非同期创业的很多人，也不乏目光长远之辈。但他们为什么没有像任正非那样，把企业做到世界领先呢？

一个关键性的因素，就在于他们没有处理好短期利益与长期利益的矛盾——如果以利润最大化为企业的最终追求，那就必然会短视和投机，克服不了眼前的利益诱惑。而华为一方面永远朝着以客户为中心、聚焦价值创造、不断简化管理、缩小期间费用而努力，另一方面就是最大可能地保证员工利益。华为非常清楚：公司想要赚钱，就要服务好客户；想为服务好客户，就需要有优秀的员工；想让优秀的员工发挥价值，就必须给予他们更高的回报。

当然，如果公司给予员工超额的回报，也必然会增加服务成本，并很可能将成本转嫁给客户，这就容易导致客户不愿意承受较高的成本。对于这一矛盾，任正非说："以客户为中心、以奋斗者为本，本来就是两个矛盾的对立体，它构成了企业的平衡。难以掌握的灰度、妥协，考验着所有管理者。"

实践证明，华为在这方面做得是比较成功的。尤其是华为与员工利益共享的方式，更是从一定程度上激发了人才的奋斗力和创造力，让员工不仅有动力为企业做出贡献、创造价值，也有动力为了让自己获取更多的利益而努力。这也如任正非在华为"EMT 纪要〔2008〕021 号"文件中所说的那样："要实现团队的奋斗、协同的奋斗，就必须从考核激励上将以客户为中心的'胜则举杯相庆，败则拼死相救'的光荣传统制度化地巩固下来。要从虚拟统计、虚拟考核入手，从激励机制上保证后方支持队伍与前方作战队伍、主攻队伍和协同作战的友军一起分享胜利的果实。"

总之，华为从来不以老板、股东等资本方的利益为根本。在华为的工作哲学中，认真负责与管理有效的员工才是公司最大的财富。华为强调公司的可持续发展，也强调人力资本不以增值的目标优先于财务资本增值的目标。这是华为与其他企业根本的不同点，也是华为灰度管理思维的重要体现，更是很多企业学华为却学不会的重要原因之一。

推行自下而上的获取分享制

在绝大多数的公司和领导眼中，公司为员工发放的薪酬具有一定的弹性，员工多劳多得、少劳少得，业绩好就多拿钱，业绩差就少拿钱甚至没有钱。

虽然在领导看来，这种方法是非常合适的，但员工可能不这么认为。他们认为，既然领导和公司做出了承诺，最后却不能全额兑现，这就是不公平的，由此也容易出现抱怨情绪，影响工作积极性和团队奋斗的氛围。

这就是很多公司使用的"授予制"激励法，主要以领导为中心。而在多年的发展过程中，华为的管理层逐渐认识到：此前的

"授予制"都是按照领导意愿来分配公司的利益，结果不但容易使员工产生不满情绪，还会导致公司高层与中间层、基层间的利益分配不均衡，引发公司内部矛盾。

从 2012 年起，华为开始尝试进行利益获取分享机制，以鼓励产生具有长远眼光的"将军"。2017 年，华为强调推行获取分享制的前提是产生利润，同时需要持续完善成熟业务的获取分享制，并逐步引入追加奖励、战略奖励等措施，避免产生急功近利行为。2018 年，华为才明确将坚持并持续优化获取分享制，以此来代替此前的"授予制"。具体来说，获取分享制是指员工所有的回报都来自个人价值的输出与业绩，公司会根据员工价值贡献的结果来衡量其最终能获得多少利益。在这期间，若有部门或员工起到了辅助作用，同样有资格分享公司的利益。这种方式便保证了公司内所有员工都可以分享收益，并能够计算出自己的应得利益，从而让员工获得与自己所创造价值相匹配的收益。

关于利益分享制，任正非曾这样说："你赚到钱，交一点给我，你才能分享；你赚不到钱，就活该饿肚子。获取分享制一出现，公司这两年利润增长很快，大家的积极性和干劲也起来了。"华为通过推行获取分享制，也营造了一种多劳多得的氛围，激发了员工的工作热情。

华为所推行的获取分享制有一个最大的特点，就是自下而上地推行，这样可以让员工获得的回报与业务发展结合得更加紧密，部门的薪酬包与业务产出相挂钩，部门的奖金包也与收入和利润相关联。如此一来，由获取分享带动业绩提升，业绩提升反过来又促成获取分享的双向良性互动得以顺利形成。

不过，想要在企业内部推行获取分享制，企业就要有一定的包容性，这样才能让企业长久生存。"既要包容客户、员工的利益，也要包容资本的利益，包容各种要素的利益，这个机制就能永久生存下来。"当然，即便企业有包容性，也同样需要有制度来保障，需要企业有明确的界限规定与覆盖范围。

在制度方面，华为实施的是百分比员工持股制，没有任何外部的财务做股东。华为的员工占华为 99% 以上的股份，创始人任正非仅占很少的一部分股份。因此，华为的股东大多数具有"劳动者"和"资本人"的双重身份，这样也可以更好地保证公司的利润分配由创造价值的员工说了算。

除此之外，华为在推行获取分享制之前，就已经明确指出了其覆盖对象的界限，即奋斗者。只有围绕客户为公司不断做出贡献的奋斗者，才可以获得与价值贡献相匹配的薪酬、岗位与荣誉感。

实施获取分享制的价值分配方式后，公司便不再有"大锅饭"现象出现。任何部门想要从公司分到更多的"蛋糕"，就必须先保证本部门盈利。如果某个部门没有盈利，也可以向兄弟部门或上级部门申请借未来的奖金，来年再返还。因为是借的，肯定难以达到预想中的激励水平，所以获取分享制也可以激励各部门最大限度地达成自己的目标。

当然，华为内部也有人不完全认同获取分享制。曾经有高管向任正非提议，希望公司能保留 1 年的利润，不给员工分配，这样就可以让华为有一笔可观的流动资金。但任正非坚持主张将大部分的利润都分掉，因为这样才能激励员工继续奋斗，为公司创造更多的价值。事实也证明，获取分享制的实施有效地平衡了公司与各业务组织之间的利益冲突，形成了"利益分享、风险共担"的利益共同体，促进了公司与各业务组织之间的多赢。一方面，它有效降低了公司的经营风险，公司只有获取更多的经营收益，才能有更多的薪酬支出；另一方面，它可以更好地激发各业务组织的活力，员工只有为公司创造更大的价值，自己才能从中分享更多的薪酬收入。

升职加薪不讲论资排辈

1995 年，华为在 C&C08 交换机的技术上取得了重大突破，产品开始向市场大面积渗透，年销售额高达 15 亿元，华为进入高速发展阶段。

随着创业期涌现的一批个人英雄的职位越来越高，他们发现，自己的发展空间越来越小了。于是，一部分高管便逐渐丧失了创业时的激情，思想开始懈怠。这极大地影响了下属员工的工作积极性，使华为的发展遭遇了瓶颈。面对这种情况，任正非果断做出决定：让大家全部"归零"，重新通过竞聘上岗。不管你是什么资历、什么辈分，能力强的，继续上岗；能力差的或没有能力的，就转换岗位或直接下岗。

从这时起，华为便逐渐形成一套机制，即华为的员工不论学历、不论资历、不论年龄，只要有才华、有能力，同时也肯干、能干，能够独当一面，就可以成为"将军"、拿到高薪。"宰相必起于州部，猛将必发于卒伍"，华为管理层的干部也都是从"小兵"一步步成长起来的。华为会通过训战结合、循环赋能、选拔、激励等完善的人才管理机制，为优秀的"士兵"赋能，让他们快速成长为"将军"。

2007 年，华为的一名员工经过短暂培训后，被派往利比亚市场，开始了北非市场的开发工作。这名员工接到的第一个项目是当时利比亚代表处最难的项目，该项目前期的质量、进度等方面出现了诸多问题，导致客户对华为提供的服务十分不满。该员工进入项目后，便担任项目计划控制经理，为了能重新获取客户信任，他与客户经理一起就客户提出的问题进行有针对性的解决。在双方的共同努力下，客户重新对华为有了信任。通过该项目的历练，这名员工也凭借自己的努力和出色的业务能力得到了项目组领导的信任，成为一名优秀的项目经理。

此后，该员工又带领团队积极解决项目实施中遇到的问题，使项目交付进度与质量都远远优于友商，客户满意度不断提高。2010 年，在进入华为 3 年后，他便获得了公司"金牌项目经理"

的称号，同时也拿到了很高的薪资回报。

在华为，这样的事例数不胜数，只要员工有能力、肯奋斗，都可以获得升职加薪的机会。任正非还善于为员工勾勒美好前景，他曾告诉华为的员工："华为未来最大的问题是什么？就是钱多得不知道如何花。你们家买房子的时候，客厅和卧室可以小一点，但阳台一定要大一点，因为要时常在那里晒晒钱，不然钱就发霉了！"

作为世界五百强企业，华为是唯一没有上市的公司，但它能够30多年屹立不倒，并且有一路上升的趋势。相比于中国企业平均3.9年的寿命，华为持续发展的动力，用任正非的话来回答就是"分钱分得好"，钱分好了，就可以帮助企业吸引人才、留住人才，共同做大蛋糕，成就的是"创业故事与中国合伙人"；反之，钱分得不好，蛋糕做不大，造成的就是"创业事故与中国散伙人"。

虽然华为的薪资水平整体要高于业内平均工资水平，但也不是每一个进入华为的人都能享受到高薪酬、高待遇。员工能否为华为创造价值、做出贡献，是华为给予员工拟定报酬的先决条件。任正非曾说过这样一段话："进入华为并不意味着高待遇，因为公司是以贡献定报酬、凭责任定待遇的。对于新来的员工，因为没有记录，晋升会比较慢。"

从这段话可以看出，华为给员工定薪酬向来不看职位、不看工龄，而是看贡献。在华为，员工晋升和加薪从来不论资排辈，都需要凭借自己的真本事奋斗而来。如果员工依照自己的职位或工作年限等来要求涨薪，多数会遭到拒绝，管理者甚至会反问员工："如果你觉得自己职位高或工作时间长就能涨工资，那么你有没有想过，自己在这么高的职位、这么长的时间里，对公司有什么贡献呢？"

职位、工龄只能在一定程度上代表员工的资历，但并不能代表员工对公司的贡献程度。因此，华为并不会将职位、工龄、资历等作为员工薪资的参考标准。相反，如果员工刚进公司，却能担负起重大责任，做出突出贡献，那么华为也会给予这样的员工升职加薪。

总之，华为支持和鼓励员工公平竞争，而不是投机取巧，鼓励员工依靠实力为自己打下一片天地。在这种氛围影响下，华为大多数人身上有一种坚韧、踏实、奋斗的品质。这也体现了任正非的灰度管理哲学：不绝对性地以职位、资历等评价员工价值和为员工定薪，而是按价值贡献为员工定岗定薪，就像华为常务董事、CFO 孟晚舟 2017 年在清华大学进行的演讲中提到的那样："华为充分考虑员工的潜在贡献价值，特别是优秀员工的年薪不封顶。简而言之，你有多大雄心、多大能力、多大潜力，我们就给出多高的薪酬……华为是'英雄不问出处，贡献必有回报'。"而华为也在这样一群优秀员工的建设之下，变得一天比一天好。

利用 TUP 进行长效激励

从古到今，物质激励的兑现方式从时间维度上来分有两种，一种是即时兑现，一种是延时兑现。通常来说，劳动方式越简单，即时兑现也越容易、越普遍，如操作工的计时、计件工资等；越是复杂的劳动，其价值评估与兑现的时间也越长，甚至还要采用短期与中长期相结合的方式来兑现报酬。

TUP 是一种现金奖励的递延分配计划，即员工有权提前获得未来一段时间的福利，但福利的分配需要在一定的时间内逐渐兑现，因此它属于一种中长期的激励模式。

从初创开始，任正非便深知激励机制的重要性，并从 1987 年开始倾向于为员工提供长期激励，以吸引大量的人才。1990年，华为首次实现了全新的激励模式——员工普遍持股，且享受的都是实体股权。公司固定每股的单位价格为1元，员工股权可得到15%的税后分红。这一激励模式实施后，不但为华为解决了内部融资问题，还达到了留住员工的目的。

从1995年以后，华为逐渐意识到短期激励计划的重要性，同时也清楚地知道，员工持股形式存在一定的法律风险，因此2001年7月，华为将老员工的实体股份转换为虚拟股份，并根据法律规定的净资产价格对虚拟股份进行定价。

随着全球化进程的推进，华为对自己的企业发展定位越发清晰。2008年，华为又推出饱和配股制度，将之前的虚拟股份更加规范化，同时还制定了固定配股的上限值，配股对象范围也扩大到工作满1年的全部员工，配股年利率为6%。

2012年，华为推出了全新的激励模式——TUP计划。该计划初期对应的是海外子公司的非中国籍员工，到2013年扩展到所有非中国籍员工，再到2014年覆盖全体员工。

TUP计划规定允许每一个拥有TUP的员工每年兑现分红权，且5年为一个周期循环，对应的TUP增值权也是5年结算清零一次。举个例子来说：假如公司在2018年为某员工配了5000股，当期股票价值为x元，并规定当年（第一年）没有分红权。

第二年（2019 年），该员工可以获得 5000×1/3 的分红权。

第三年（2020 年），该员工可以获得 5000×2/3 的分红权。

第四年（2021 年），可以全额获取 5000 股的分红权。

第五年（2022 年），在全额获取分红权的同时，公司还会为员工进行股票值结算。如果当年股价已升至 y 元，那么第五年该员工获取的回报就是：2022 年的分红 +5000×（y−x）。其中，y 为 2022 年的当期股票价值，同时对此前的 5000 股进行权益清零。

从以上股权分红方式可以看出，TUP 前 4 年递增分红权收益，最后一年除了获取全额分红收益，还可以获得 5 年中股本增值的收益，属于"递延＋递增"的分配方案。这种激励模式可以在一定程度上或部分地解决员工激励的问题，给予真正的奋斗者配以可观的虚拟受限股的机会，长期地解决公司留住优秀员工的问题。

首先，从短期看，TUP 的实施可以直接解决海内外不同国籍人员激励模式的统一问题，兑现任正非所坚持的获取分享制，只要员工能拉车，并且能拉好车，那么员工的价值必然可以在分配中得以体现，不论该员工是什么国籍、什么资历。

其次，TUP 的实施还能解决工作 5 年之内新员工的激励不足问题。按人力资本投资回报率的一般周期来说，员工入职 2 年内属于投入期，之后才是投资回报期，在此期间，优秀员工的离职会给企业造成较大损失。而华为采取的这种 TUP 分配方案，恰好可以对冲这种局面。当员工工作满 2 年后，如果想离职的话，可能会考虑到机会成本过高而放弃离开，继续在公司干下去；而工作 5 年之后，对于前 30% 的优秀员工，公司提供的更多激励措施也接踵而至。

此外，从中长期来看，随着 TUP 实施范围和力度的逐渐增加，原来虚拟受限股收益的比重会逐渐下降。该激励模式长期实施下去，对公司价值的主要创造者（"拉车人"）的激励比重会逐渐赶上甚至超过对获利阶层（"坐车人"）历史性贡献的认可，从而逐渐纠正原始股激励制度因实施时间过长，导致过于强调历史性贡献的不合理的一面。

由以上分析可知，华为实施的 TUP 激励模式，其实质是基于企业文化与发展战略在激励模式上的配套改革，使那些真正为公司奋斗的优秀人才能够获得利益。而那些拥有华为大量股票，只想一劳永逸地坐享其成，不愿再为公司奋斗、不想继续"拉车"的人，也很难再从公司获得较多的利益。

当然，TUP 激励机制不可能成为放之四海而皆准的金科玉律，也不可能成为华为唯一的激励机制。华为在实施过程中，也将其与股权激励等其他激励方式融合起来应用。但不可否认的是，TUP 机制很好地解决了华为短期激励与长期激励、多数人激励与少数人激励之间的矛盾问题，这也体现了任正非"以灰度看待企业中的关系""以灰度看企业的战略制定与实施"等灰度思维，不坚持用"非黑即白"的思维来管理和工作。在企业中存在大量相互矛盾与相互制衡的关系，如激励与约束、短期利益与长期利益、个人利益与企业利益等，以矛盾的思维看待与解决这些矛盾，既不走极端，也不求平衡，而是依据灰度理论，抓住主要矛盾与矛盾的主要方面，有效地运用这些矛盾内所含的能量，将这些矛盾变为华为发展的动力。

用奖金打破平衡，拉大员工差距

华为奖金分配的基本理念可以用 8 个字来形容：打破平衡，拉开差距。简单来说，华为会根据员工的不同贡献来设置奖金，不唯平衡、不讲平均，追求差异性，通过形成差距鼓励先进。同时，华为还强调：奖金是挣来的，不是必然会有的。公司不向员工承诺一定有奖金，奖金是根据员工做出的贡献来分配的。公司只对贡献结果买单，而不会对加班等与结果无关的行为给予奖励。这样做是为了强调一个原则：提倡奋斗，但不提倡加班，在奋斗导向上要非常清晰。

华为在奖金分配管理中遵循 3 个原则。

第一，公司向高绩效者倾斜，由此激发员工的积极性，提升绩效。绩效高的人，拿的奖金也多，这样才能鼓励员工为了绩效而努力。

第二，公司强调打破区域之间的平衡，打破区域内部的平衡，打破人与人之间的平衡。因为不同区域的业务发展状态不一样，如一个地区年营收 10 亿美元，另一个地区年营收 3 亿美元，如果两个地方员工拿到的奖金是相同的，那么就没人会为了从 3 亿美元营收提升到 10 亿美元营收而奋斗了。区域内部也要打破平衡，这样可以拉开不同部门之间、不同岗位之间的差距，鼓励做得好的员工拿更多的奖金。人与人之间的平衡主要是打破不同岗位间的平衡、每个人前一年与后一年贡献的平衡等。总而言之，员工只有持续地为公司贡献价值，才能拿到更多的奖金。

第三，保证及时奖励的效果。公司会对关键业务发展的里程碑进行区分，从而设定清晰的、与结果直接相关的奖金政策，员工一旦达成，便立刻启动激励。

华为认为，奖金评定一定要简单，当期贡献，贡献好马上就给奖金。不要把一大堆事情放在一起评估，这样奖金就变得很复杂，就容易不公平。

以华为的网络设备业务奖金分配为例。华为规定，在对于网络设备这样的成熟业务进行考核时，每一个代表处都必须实现基线管理，即不包括工资，只包括奖金。奖金数额以考核为准，考核则以基线为准。每一个代表处的计划出来后，都需要有一个相应的业务基线，并将部门实际完成情况与该基线进行对比。

当然，基线也不是只有一条线，通常销售有基线，利润也有基线，二者在不同时期的权重有所不同，在不同区域内的权重也有所不同，但也不是随意变化的，公司会有相应的规定。员工只需要按照基线标准去努力，一个周期结束后，应该拿到多少奖金，公司就会发放多少奖金。用华为网络设备业务部门员工自己的话来说："成果一经公布，谁做出了什么样的成绩都一清二楚，做得好就多拿，做不好就少拿，谁也挑不出毛病。想多拿奖金，就要努力追赶前几名，下个周期争取把自己的工作做好。"

为了更好地根据每一个员工的贡献值公平合理地分配奖金，华为还制定了一系列项目奖金分配方案，根据分工难度与工作量大小来确定项目奖金的分配比例，其最终目的都是打破平衡、构筑差异，因为有差异才能形成流动、激活组织。

2009年，在与杭州代表处管理团队开展的座谈会上，任正非语重心长地说："前面20年华为不怕平衡，后面20年华为怕平衡，要把奖励和机会向成功者、奋斗者、业绩优秀者倾斜，大胆倾斜。我们要拉开距离，后进者就有了奋斗的方向和动力，组织才会被激活。"

实际上，在 21 世纪以前，华为的奖金分配政策还是遵循以往"大锅饭"的形式，哪个部门业绩好，就集体奖励；哪个部门业绩不好，就集体惩罚。但随着市场的发展和管理者认识的提高，华为的领导层开始认识到，这种分配模式对人才潜力的激发效用很小，因为集体奖励和集体惩罚，并没有真正让那些创造价值的员工得到奖励，或者让拖后腿的员工受到惩罚。

于是，从 2001 年起，华为开始逐步改进薪酬策略，并制定了透明的业务部门奖金分配方案，逐渐形成了自我激励与自我约束下的可持续发展机制。

2007 年，华为又借鉴了英国对本地员工双轨制考核的管理模式，将短期奖金激励与 PBC（个人事业承诺）的晋升考核制度很好地结合起来，保证了差距有迹可循，实现了本地员工奖金透明化，员工可以自己计算、自己管理，避免了传统的奖金发放大排队现象。

与此同时，任正非还在华为的 EMT 会议上多次指出，要逐步制定相对完善的奖金策略来激活组织。高层管理者的责任是确定奖金的导向机制，并授权下级团队制定出多样化的奖金分配方案。要把奖金的分配规则按照业务需求和管理要求细分，增强激励的针对性、及时性和灵活性，从而起到明显的杠杆作用。

2009 年，华为又进一步对奖金制度进行了优化，即强调打破跨区域的平衡、区域内部的平衡，以及人与人之间的平衡等。如果哪个区域内的奖金分配是平均发放的，那么负责这里的干部就要下台。

对于这些改革，任正非说："企业的活力在很大程度上是受利益驱动的。企业的经营机制，说到底就是一种利益的驱动机制。价值分配系统必须合理，使那些真正为企业做出贡献的人才得到合理的回报，企业才能具有持续的活力。"

正是秉持"在价值分配上打破平衡，让员工在最佳时间、最佳岗位上做出的最佳贡献，获得最合理的报酬"的理念，才使得华为能够激励员工自主、自发地向绩效优秀的员工靠拢、学习，也使得绩效优秀的员工在后来者的追赶下丝毫不敢松懈，由此也最大限度地激发了奋斗者的战斗力，驱动更多员工不断努力，不断提升公司的竞争力。

"知本主义"
——资本必须依附于知识

延伸阅读

企业发展最重要的因素是什么？资金？技术？人才？这些当然都很重要，然而除了这些，还有更重要的东西。任正非说："我们要建设一个强大的基础，摆脱对人才的依赖，对资金的依赖，对技术的依赖。"他认为，资金、技术、人才都是企业发展的外部因素，能够促进企业发展，却不是决定性因素。事实上，有很多企业不缺资金、技术、人才，最终却仍然走向衰落，被市场无情地淘汰。因此，企业可以借助这三者，但不要过于依赖这三者，必须摆脱对它们的依赖，才能使企业从必然王国走向自由王国。

创业初期，资金、技术和人才都是华为极度缺乏的东西，然而华为并没有倒下，反而越走越强大，原因就在于任正非找到了一条新的道路——"知本主义"。任正非曾经在一篇文章中说："知识经济时代，企业生存和发展的方式发生了根本性变化，过去是资本雇佣劳动，资本在价值创造要素中占有支配地位。而知识经济时代是知识雇佣资本，知识产权和技术诀窍的价值和支配力超过了资本，资本只有依附于知识，才能保值和增值。"

对于"知本主义"的定义，任正非给出了清晰的答案："对于一些高技术产业，人的脑袋很重要，金钱资本反而有些逊色，应多强调知识、劳动的力量，这就是知识资本，我们称之为'知本主义'。"说得通俗一点儿，就是以知识为基础，以知识的实际应用推动企业的发展。华为以"知本主义"为指导思想，打造了一个巨大的"知本"平台，为人才提供了用武之地。

创业初期的华为，就像是王伦、晁盖时期的水泊梁山，几位好汉聚在一起，开创了一番属于自己的事业，至于报酬方面则没有明确的指导。任正非用"大秤分金银，大碗吃酒肉"的豪气吸引人才。但是随着华为的发展壮大，这一套原始的薪酬制度已经不再适合了，华为需要一套更加合理的薪酬体系，才能既留住现有的优秀之才，又招揽新的人才。

众所周知，企业之间的比拼往往体现在人才的比拼上，而薪资待遇又是人才比拼的关键因素。一个好的薪酬结构体系将有效地保证企业发展中的动态合理性，并提升企业的竞争力与员工的成就感。

华为员工的薪酬，主要由几部分组成：工资、奖金、安全退休金、医疗保障、股权、红利等。另外，华为在制定薪资待遇时，会从员工的角度出发，尽量为员工排忧解难，除了提供远超国内同行的工资，还提供一些其他待遇，如培训、职工小区等。

1. 基本工资

员工的基本工资根据职位和学历确定档次，每个档次的工资都不一样。初入华为时，学历在很大程度上决定了基本工资的水平，但是等工作 1~2 年以后，学历对基本工资的影响会变得很小，基本工资更多取决于员工的实际工作能力。一般在正式工作半年以后会开始加薪，加薪幅度取于个人表现、所在部门以及公司当时的盈利情况。原则上，华为的加薪向着一线岗位倾斜。

2. 福利、补贴

最初，华为几乎不发放实物福利，员工的福利都会折算成现金，然后打入员工的个人账户。任正非认为，与其用廉价的小礼品收买人心，不如开出足够有竞争力的工资，让员工自己决定购买何种礼物。但是随着公司逐渐发展，华为的管理也变得更有温情，更加人性化。补贴包括两部分，一是交通补贴、餐饮补贴，二是出差补贴。交通补贴和餐饮补贴会折算成现金，打入员工的工资卡里，出差补贴则会根据具体情况予以报销。

3. 内部股票分红

内部股票，即虚拟受限股，是华为在早期确立的一项薪酬制度，也是工资和奖金之外的第三种激励手段。虚拟受限股跟普通的股票含义不一样，需要员工持现金购买，但又不享受所有权、表决权，也不能转让和出售。华为秉持着"入股自愿、股权平等、收益共享、风险共担"的持股原则，员工在入职 1~2 年后，公司根据其职位、表现、工作业绩等分配一定数额的内部股票，或者让员工用年度奖金购买内部股票。

4. TUP 期权

TUP 期权的本质是一种特殊的奖金，是基于员工历史贡献和未来发展前途来确定的一种奖金。TUP 期权最初用来解决外籍员工的激励问题，是与虚拟受限股并行的一套制度，可以直接解决全球不同区域、不同国籍人员激励模式的统一问题，并且采用的是现金而非股票，不存在法律上的障碍。

与其他大公司相比，华为的薪酬体系显得较为简单。这是因为任正非一方面注意通过薪酬制度确保员工的工作动力，另一方面又非常警惕不让华为成为一个养老机构，不让华为员工染上"福利病"。据说有员工曾经建议食堂免费，但是被任正非拒绝了，他认为这反映了员工的太平意识，而这种意识会导致公司走向没落。

总而言之，具体到每一位华为员工的薪酬，其数量多少由多重因素决定，包括内、外部劳动力市场状况，地区及行业差异，员工岗位价值，以及员工本身的专业能力、工作能力、职业技能、职业生涯发展等。可以说，华为的薪酬制度是按照公平、合理的原则制定的，真正做到了能力越强，报酬越高。

任正非崇尚知识的力量，坚持"知本至上"，真止做到了把人当作决定一切的关键。为了这个理念，华为每年都要在研发上投入大量资金，其中近60%的资金花在了人的身上。他说："只有认识到人的价值，才是家最有价值的公司。"在高薪的吸引下，一批又一批的人才涌入了华为。这种"知本至上"的薪酬体系既吸引和留住了人才，又激发了他们的工作热情，推动着华为不断向前进步。

对于"知本主义"的学习，改变了任正非的思维方式和做事方法。过去，任正非总是给人一种"独裁者"的印象，对下属下达各种死命令，要求员工像军人一样勇敢冲锋。但是随着年龄和见识的增长，他逐渐认识到这并不是唯一的做法，做事一定要遵循科学规律，办企业也一样。企业持续发展的秘诀就在于创新和变化，然而创新和变化也需要掌握分寸，不能与实际脱节，这是企业管理的难点。要学会从员工的角度去思考。一方面，要满足员工的各项需求；另一方面，要设置各种制度去考验他们、束缚他们，使他们能够始终走在"正道"上，不至于偏离了最初的梦想。

第七章

战略管理：
方向大致正确，组织充满活力

　　华为在发展过程中，面对"黑天鹅""灰犀牛"，面对"蝴蝶效应"，既不盲目乐观，又不盲目悲观，而是以灰度思维进行战略管理，帮助华为寻找大致正确的战略方向，同时以组织活力应对战略的混沌，以过去与当下的确定性应对未来的不确定性。

华为战略管理的特点

从华为的发展历程来看，华为在不断地进行战略变革。这一点不难理解，因为世界原本就是在不断变化的，行业在变，客户在变，竞争对手也在变，这也要求企业必须根据外界的变化做出相应的战略调整，以适配外界的不确定性。在这些变革中，华为一直坚持的就是"方向大致正确，组织充满活力"，这也是华为战略管理总的特点。

对于华为来说，发展中的方向很重要，只有战略方向正确，战略定位准确，才能让客户了解企业与竞争对手间的差异性。但是，华为在进行战略预判时也可能出现错误，这就需要充满活力的组织来及时纠偏、纠错，以保证华为能够始终沿着正确的方向前行。

当然，在发展过程中，华为在战略管理上还有许多细节方面的特点。总结起来，主要有以下四点。

第一，坚持增长策略，敢于抓住机会驱动业务发展。

华为的前身只是一个小型的网络交换机厂，1996 年才开始投资无线通信业务，因为无线通信业务是当时通信领域的未来。但当时国内的无线产品市场已经被国外通信设备巨头占领，华为很难在其中立足，这也导致华为的无线通信业务连续 9 年都处于亏损状态，直到第 10 年才实现盈亏平衡。但最终，华为还是抓住了这次机会，实现了自己在无线通信业务领域领先的目标。

当然，华为也有遭遇过战略决策失误的时候，如当年进军小灵通市场，就让华为遭受了一定的损失。这一失误也让华为的战略经验教训从此前的"不做机会主义者"转变为"不做机会主义者，但不放弃任何机会"。华为擅长基于优势选择市场，围绕核心竞争力扩展业务组合，并敢于抓住战略机会进行扩张，用机会牵引资源分配，占领市场。

第二，聚焦主航道，善于集中资源获取战略机会。

2000 年，任正非在《华为的机会与挑战》的讲话中说道："对于华为来讲，我们现在可选择的机会确实很多，但只有无所为，才能有所为，我们所为的标准只有一条，就是不断提升公司的核心竞争力。有了核心竞争力，我们还可以干许多事情；失去了核心竞争力，我们将一事无成。所以，我们一直在减少自己的多余动作。"

任正非的这段话，就是提醒华为要做好战略聚焦，坚持在主航道上发力，集中战略资源，抓住战略机会，确保华为在未来变化的市场、客户需求、技术发展与生态链合作方面时刻保持敏锐，让组织充满活力，带领公司持续地"活下去"。

第三，在坚定不移的战略方向上，采取灵活的战略战术。

华为认为，战略制定可能存在偶然性，但必须通过战略执行管理将这种偶然性转化为商业成功的必然性。因此，华为坚持采用灵活机动的战略战术，根据外界环境的变化而随时调整。

在 2003 年之前，华为是没有涉足小灵通业务的，当时主要做小灵通的厂家是中兴通讯和 UT 斯达康。UT 斯达康瞄准华为的业务范围，试图以小灵通的高利润作为基础，捆绑销售软交换、光网络和无线产品，进而进入华为地盘。

UT 斯达康的这一战略引起了华为的警觉。为了不影响主航道发展，华为采取了被动的竞争策略进入终端领域。根据业务难度，华为决定进入小灵通领域，但也对自己提出了要求，即不要高利润，也不能亏本，只要自己能养活自己，滚动发展。事实证明，华为的这种灵活战术非常有效。

第四，确保组织充满活力，努力做到"力出一孔、利出一孔"。

2017年，任正非在公司战略务虚会上讲道："一个公司取得成功有两个关键：方向大致正确，组织充满活力。"

华为将"组织充满活力"视为其度过危机、不断成长的核心手段，同样，它也有一套完整的组织活力激发方法与模型，目的就是要确保组织能够时刻充满活力，全员上下能够"力出一孔"。在华为看来，领导层确保方向大致正确，组织充满活力既要能使大致正确的方向得以贯彻执行，也要善于自我批评。一旦方向脱离大致正确，也能够及时纠偏。满足这两点要求，华为就能胜出，做到"利出一孔"。

总而言之，一家企业在自己的漫长征途中，没有方向或方向错误肯定是不行的，但时时要求方向绝对正确也是不切实际的。华为在战略管理方面，始终坚持战略方向的大致正确，但又会在具体的发展过程中不断调整战略，以适应随时变化的市场需求。在华为看来，在坚定不移地坚持正确方向的同时，过程不一定非要走直线，拐个弯、绕个圈都是可以的，但只要最终指向那个方向就可以了。在这个过程中，只要整个组织上上下下都充满活力，特别是决策团队充满活力，就能确保目标的最终实现。坚持这一战略特点，也让华为始终走在持续增长的道路之上。

把握战略方向，谋定而后动

华为所坚持的灰度工作哲学，让华为在战略管理上更具弹性，借此也催生出了更高的执行效率。

1999年以后，随着华为逐渐步入平稳发展期，羽翼逐渐丰满，各项管理变革得到落实，华为的经营管理也实现了流程化和制度化，华为由此开始逐步放松此前严厉的管理制度。因为任正非认识到，之前苛刻的管理方式已经不再适应华为的发展要求，只有让管理更加富有人文色彩、更加开放化，才能适应华为此时的发展需求。

当然，在战略方向上，华为始终是坚定不移的，但服务于战略方向的战略战术已经逐渐变得灵活机动。所谓"生生之谓易"，"易"就是指变化，强弱之间、胜败之间、优劣之间，都是随时随地随机变化的。任正非也早已认识到这一点，因此使华为既有坚定不移的战略方向，又有灵活机动的战略战术，当长则长，当短则短，长与短相互结合，方能相得益彰。

《孙子兵法》中有记载："谋定而后动，知止而有得。"作为企业管理者，在制定战略方向时需要三思而后行。企业的发展离不开改革与创新，但若改革与创新的方向不对，企业就很可能会面临失败的危机。

任正非支持企业变革，他认为，企业变革是历史的必然，但是要稳扎稳打，更要结合自己的实际情况。在发展过程中，华为从来不追求最科学、最完美，也不一步到位地试图向苹果、谷歌等公司看齐，华为仍然需要华为人在聚焦客户需求的应用与创新上积蓄力量。否则，华为便容易陷入教条、陷入僵化。华为需要的是适合，只要觉得好用、适合就可以。即使是在变革中，华为抓的也是主要矛盾和矛盾的主要方面，就像任正非说的，先把握好战略方向，再谋定而后动。要急用先行、不求完美，深入细致地做工作，切忌有贪天功为己有的盲动。

实际上，早在十几年前，华为就在 IBM 的指导下进行业务流程变革，这也被外界普遍认为是华为在针对业务层面进行管理改善。但其实任正非真正想要做的事，是让企业拥有成为"百变金刚"所需要的基础架构。他希望华为可以在稳健发展的基础上，随着环境的变化而不断进行架构升级，也就是要"拥抱变革，融入移动互联时代"，否则，"不打好基础，变革之后企业就很容易垮掉，这样的变革不如不要"。

有人认为，进入 21 世纪后，企业将迎来一个大变革时代，谁先改变观念，谁就能把握先机，赢得市场。但是，华为认为，并不是什么都走在前面就一定会赢得第一，任正非也一再强调，在面对大变革时，华为人更要有足够的耐心和战略耐性，真正看清形势后，才能有所行动。

在任正非的熏陶下，华为高层也逐渐培养出了一种稳重的战略耐性，有机会就不会放过，但也绝不盲目跟风。甚至整个华为的员工也都受到任正非这种战略思维的影响，工作也都是稳扎稳打，绝不冒进。

2014 年 2 月，在巴塞罗那世界移动通信大会上，华为消费者业务部掌舵者余承东接受《第一财经日报》记者的采访，被问到联想想要收购摩托罗拉事件，华为是否也有过类似收购的想法时，他谦虚地回答说："每个企业都有不同的发展路径，都会选择最适合自己的战略。华为是一个长跑型的选手，更愿意靠韧劲、靠内功。市场经济机会这么多，华为不会急于一时。"

　　在华为，不论是任正非，还是华为其他高层，不管是面对"黑天鹅""灰犀牛"，还是面对"蝴蝶效应"，大家都不盲目乐观，也不盲目悲观；既不保守，也不冒进。在任正非看来，管理有灰度，方能视野开阔，把握好不确定性，看清企业未来的方向，认清未来发展的战略目标，以实现"方向大致正确"。而华为之所以能够长期保持战略方向的"大致正确"，也恰恰得益于任正非的灰度管理思维。

　　基于灰度思维，任正非可以站在后天看明天，站在世界看华为，分析和洞察着外界错综复杂的不确定性，为进入"无人区"的华为指明未来的方向。所以，任正非才多次表示："坚定不移的正确方向来自灰度、妥协与宽容。""不能依据不同的时间、空间，掌握一定的灰度，就难有审时度势的正确决策。"

在大机会时代，不要机会主义

什么是机会主义？

简单来说就是毫无原则，经常变来变去，只看表面的利弊和眼前的好处，不考虑长远的发展。

不管是个人还是企业，都容易犯机会主义的错误，因为人性的本能就是趋利避害，很多企业中更是存在机会主义这样的症结性问题。

但是，华为却多次强调，即使是身处大机会时代，也要拒绝机会主义。任正非更是多次表示，华为的成功在于几十年一直朝着一个"城堡口"进攻，华为就是一个"大乌龟"，根本不看路两边的鲜花。

实际上，华为公司在创业时期，正是中国股票市场与房地产市场火热的时候。如果那时任正非能朝着这两个行业发展，很容易赚到大钱，而且速度也会很快。但任正非完全不理会这些诱惑，而是坚持带着华为一步一步赚自己的"小钱"。

不要机会主义，一直都是任正非强调的要点。华为坚持在30多年的时间里始终以核裂变的速度向前发展，也与任正非坚持拒绝机会主义的战略是分不开的。任正非曾经说："通信行业是一个投资类市场，仅靠短期的机会主义行为不可能被客户接纳。因此，我们拒绝机会主义，坚持面向目标市场，持之以恒地开拓市场，自始至终地加强我们的营销网络、服务网络及队伍建设。"

1995年，华为决定进军海外市场。当时的华为虽然已经成立了8年，在国内已属于行业内的领先企业，但在国际市场上，与海外同行相比，仍然存在很大差距。任正非认为，想要让华为在海外市场占据一席之地，就必须靠过硬的产品技术与服务质量。为此，任正非明确提出，进军海外是华为的一项长期的、极其重要的战略，华为人不要先急着赚钱，而是要力争把每一件产品都做到最好，在技术和产品上坚持精益求精，甚至力求做到完美。

在刚刚进入海外市场时，华为的竞争力很弱，订单更是少得可怜。但是，任正非并没有气馁，也没有放弃自己的坚持，仍然持续不断地在海外市场投入人力和物力，以国内市场的销售收入反哺海外市场的开拓。在 10 年的时间里，华为累计向海外市场投入了近 100 亿元人民币。

2002 年，华为又开始进军欧洲市场，并迎来了英国电信的第一次全方位的严格考察与认证。但是，因为在一个小环节上出现了问题，认证失败了。对此，任正非仍然没有放弃，而是要求华为继续为下一次认证做好充分的准备。努力了 2 年后，华为在技术、管理、薪酬、工作环境、安全标准、环保标准等多方面全部通过英国电信的认证，成了英国电信的合格供应商之一。

经过 10 年的辛苦开拓，直到 2005 年，华为在海外市场的销售额才首次超过国内市场销售额，这也标志着任正非在海外市场"拒绝机会主义"的战略获得了成功。

任正非在华为的内部会议中多次强调："在大机会时代，千万不要搞机会主义。华为人要有战略耐性，要坚持我们自己的战略，坚持已经明确的道路与方法，稳步前进。"

为了传承和发扬华为的"乌龟精神"，华为内部还发起了向中科院院士，我国著名遥感学家、地理学家李小文学习的热潮。20 世纪 70 年代末以来，李小文长期从事地理学与遥感信息科学领域的研究工作，创建了 Li-Strahler 几何光学模型，并入选国际光学工程学会"里程碑系列"。李小文几十年专注于科研，在生活中有着"扫地僧"一样淡泊的心境，在通往科学真理的征途中，他始终保持自己的本色，执着得近乎固执。

李小文的这种淡泊、专注的精神，完全契合了华为一直以来的发展理念，因此也获得了任正非的推崇，成为华为践行"乌龟精神"的标杆。

2013 年，任正非接受了新西兰记者采访，对方问他："华为凭什么成功？凭什么能成为行业第一？"任正非的回答是四个字："不喝咖啡。"

的确，华为将竞争对手喝咖啡、享受生活的时间都用在了努力爬行上，不断坚持自己的方向，追寻自己的目标，在这期间拒绝了各种诱惑。这也让华为在前行中不断克服战略过程中的各种艰难困苦，一步一步地实现着自己的目标。

企业的首要责任是活下去

早在 1999 年，华为就强调"企业的首要责任是活着"。即使面对外界的各种诱惑，华为也要保持战略聚焦，保持企业的持续生存与发展。

在《华为的冬天》中，任正非强调："我现在想的不是如何实现利润最大化，而是考虑公司怎么活下去，如何提高核心竞争力。经营公司当然要赚钱，但是首先要做到的可能不是赚钱，而是避免亏钱。因为人一亏钱气就短，心里就发毛，就很容易乱阵脚，活下去就会出问题。所以，为了活着，公司必须确定一个最低的利润率，以满足三方面的需要：一是冲销在已发生的经营过程中产生的成本，二是抵挡创新可能发生的损失，三是上缴税收。"

在任正非看来，华为在发展过程中，利润最大化并不是经营的目标。华为应该追求更长远的发展，对于短期利益和非战略机遇可以主动放弃。为此，华为对于利润的追求一直保持着清醒的头脑，在确保合理利润的基础上，通过坚持做战略投入，增强组织活力，以提升华为的整体核心竞争力。在华为看来，保持有效的规模是华为活下去的基础，规模是华为保持核心竞争力的前提，但如果华为盲目扩张，就可能不利于公司的发展。

为了能够活下去，华为艰难地拓展海外市场。由于海外大部分优质市场被一些电信巨头占领，华为只好花费很大力气去开辟"盐碱地"，去那些偏远、落后、动乱及自然环境恶劣的地区市场上寻找机会。这条道路也意味着汗水与泪水，甚至还可能要付出生命的代价。

2006 年，在信息产业部举办的 **TD-WCDMA** 产业经济年会上，任正非道出了华为多年来开拓海外市场的种种艰辛。他说："众多华为员工离别故土，远离亲情，奔赴海外。无论是在疾病肆虐的非洲，还是在硝烟未散的伊拉克，或者是海啸灾后的印度尼西亚……到处都可以看到华为人奋斗的身影。有的员工在国外遭受歹徒袭击，头上缝了 30 多针；有的员工在宿舍睡觉，半夜歹徒破门而入，拿枪顶着进行抢劫；还有的员工在中东恐怖爆炸中受伤；

在非洲地区，有超过 70% 的员工得过疟疾……"

就是在这多年的艰苦拼杀下，华为才一步步艰难地从农村走向城市，并将众多国际巨头甩在了身后。而华为之所以能够坚持到最后，从一个"小作坊"一跃成为全球最大的通信设备供应商，在很大程度上也得益于它始终都要坚持活下去的意志。

从 2009 年起，华为在市场上取得出色成绩的同时，遇上了美国这位强劲的竞争对手。

当时，国内外很多媒体都在关注任正非的态度，试图了解在中美贸易摩擦的漩涡中心，任正非是如何拿捏动态平衡点的。

2018 年 6 月，任正非在以一次讲话中提出了两个极端的视角，表明华为已经做好了准备："第一，我们要活下去。以前，这是华为的最低纲领，现在这是最高纲领……"

从这段讲话中可以看出，华为即使面临巨大的困难，也敢于放空自己，接纳所有发生的事，将所有的冲击和挑战的合理性都发挥到最大，从而在无穷性中拿捏住动态的平衡点。这一点，可谓是华为灰度哲学的深刻体现。

2020 年初，华为轮值 CEO 徐直军在新年致辞中说道，2019 年的华为非常艰难，而 2020 年也注定会更加艰难，但华为的首要任务仍然是活下来。

总而言之，在华为看来，牺牲不值得颂扬，活下去才是第一位的。活下去才能打胜仗，才有可持续的发展。而任正非在华为所坚持的灰度管理思维，也正是以开放、妥协与宽容为核心的，坚持大致正确的方向，始终走在让企业能够持续活下去的道路上。

延伸阅读 ▶ **三分天下，华为必有其一**

早在 1994 年，华为的产品还没有打入海外市场，任正非就在公司内部的一次讲话中宣布："10 年之后，世界通信行业三分天下，华为将占一分。"那时，华为的年销售额为 8 亿元人民币，与那些外资跨国通信企业相比，华为的"体积"与竞争能力都还很弱。

到 2008 年，也就是华为进军海外市场 13 年后，华为当年度的全球销售收入达到 183.3 亿美元，同比增长 42.7%；净利润达到 11.5 亿美元，同比增长 20%。环顾曾经强大得难以望其项背的外资跨国公司，我们会发现，爱立信同期净收入减少 40%，诺基亚西门子亏损 3 亿欧元，阿尔卡特、朗讯、摩托罗拉、北电则陷入经营困境。

当时的国际背景是，在 2008 年，由美国次贷危机引发的全球性金融危机，冲击了世界上很多国家和地区的实体经济。然而，在这场金融危机中，与纷纷中枪的外资跨国通信设备商相比，华为却是一路高歌猛进、一枝独秀，其销售额中有 75% 来自海外市场。

华为之所以能有这么出色的经营业绩，原因有两点：第一，在金融危机的打击下，通信运营商不仅要降低采购成本，同时还希望供应商合作伙伴能在战略合作上给自己以适当的支持和帮助；第二，由于华为长期坚持"以客户为中心"，因此能够更好地达成客户的这种诉求。可以说，任正非一再强调的"以客户为中心"的经营战略，在市场上得到了验证，也使得任正非当初"三分天下有其一"的市场战略目标基本得以实现。

再者，根据任正非的部署，华为在海外市场的经营中，采取区域运作模式，每个区域都根据其市场发展情况配置资源，通过十几年海外市场的发展和摸索，其整体销售网络和服务网络的建设已经基本成型，能够进行自我弹性调节，不会像其他公司那样需要对资源进行大规模转移。这也有助于增强华为对市场的反应能力，有效降低经营成本，从而进一步强化了华为的竞争力。

另外，通信行业中的昔日巨头企业不断兼并重组，在一定程度上减缓了通信行业一度盛行的价格战，这对降低华为经营成本起到了积极的作用。比如，华为2008年的销售收入增长高于成本增长3.4个百分点，费用率下降1.8个百分点，这使得华为进一步有足够的资本去"修炼内功"，持续提升竞争力，也标志着电信行业正在进入一个理性竞争的阶段。

在这之前，华为曾经与IBM合作，基本理顺了产品开发流程以及面向客户的供应链流程。接着，在2009年，华为又与埃森哲合作，完善客户关系管理（CRM）流程。按照当时华为公司副董事长徐直军的解释："我们现在面向全球运营。我们在100多个国家和地区有300多个客户。我们通过与埃森哲的合作，将打通从机会到合同、从合同到现金这样一个流程。这一流程打通之后，企业运作效率将得到很大提升。"

人工智能被誉为21世纪社会生产力最为重要的赋能技术，正以惊人的速度渗透进各行各业，推动一场新的生产力与创造力革命。自2018年起，华为联合全球领先的产业组织发起并持续召开全球产业组织（GIO）圆桌会议，共同探讨各行业数字化转型的参考架构、路线、节奏和实践等，促进产业组织间跨领域、跨技术和跨手段的信息共享和协作，加速全行业数字化转型。

2023年，我们共同见证了智能时代的加速到来，作为全球领先的ICT基础设施和智能终端提供商，为了更好地创建一个可持续（Sustainability）的数字未来，华为提出了

"S.H.A.R.E." 理念，希望通过技术普惠实现最大限度的平等和包容（All-inclusiveness），用安全可信的 ICT 基础设施和服务为数字世界保驾护航（Reliability），通过科技创新实现社会发展与生态环境平衡共进（Environment），并携手产业链伙伴共筑和谐健康的商业生态（Harmony）。

近年来，华为在继续深化自主研发和国际化战略的同时，还加大了对未来技术的战略投资与生态建设。在 2024 年的华为分析师大会上，华为副董事长、轮值董事长徐直军分享了公司的关键战略举措，其中强调了构建生态、打造统一的开发者平台的重要性。华为已经决策在 2024 年及未来 5 年强力推进战略投资生态的发展，通过打造鸿蒙原生应用生态、鲲鹏生态和昇腾生态等关键领域，牵引、促进、带动终端产业和计算产业的发展。这些战略举措有助于华为在全球范围内提供更具竞争力的产品和服务。

如今的华为，致力于把数字世界带入每个人、每个家庭、每个组织，构建万物互联的智能世界。随着 5G、人工智能等新技术的不断发展和应用，华为将继续坚持自主创新与国际化战略相结合的发展道路，不断巩固其在全球通信行业的领先地位，为实现"三分天下"的愿景而不懈努力。